JN411515

독일 철학자들과의 대화

독일 철학자들과의 대화

칸트의 법철학·정치철학을 중심으로

지은이 / 이충진
펴낸이 / 강동권
펴낸곳 / (주)이학사

1판 1쇄 발행 / 2010년 8월 23일

등록 / 1996년 2월 2일 (등록번호 제 03-948호)
주소 / 서울시 종로구 안국동 17-1 우110-240
전화 / 02-720-4572 · 팩스 / 02-720-4573
이메일 / ehaksa@korea.com

ISBN 978-89-6147-120-6-04100(세트)
978-89-6147-135-0-94100

* 책값은 뒤표지에 표시되어 있습니다.

이 도서의 국립중앙도서관 출판시도서목록(CIP)은 e-CIP 홈페이지
(http://www.nl.go.kr/cip.php)에서 이용하실 수 있습니다.
(CIP제어번호: CIP2010002862)

| 알다 ⊙⊙ |

독일 철학자들과의 대화

칸트의 법철학·정치철학을 중심으로

이충진 지음

서문

이 책은 독일 철학자들과의 대담을 묶은 것이다. 대담의 주제는 칸트의 법철학·정치철학이다. 2005년과 2007년 독일 방문 때 두 대담이 이루어졌으며 2008~2009년 체류 기간 동안 세 대담이 이루어졌다. 대담의 장소는 그때그때 사정에 따라 자택, 연구실, 회의실 등 다양했다. 대담 시간은 평균적으로 90분 정도였다. 다섯 차례의 대담은 모두 전문 학술지에 발표되었다.

브란트 교수와의 대담 및 게르하르트 교수와의 대담은 각각 칸트 법철학 및 정치철학의 기본 특징과 연구 현황에 초점이 맞추어져 있다. 이 두 대담은 철학에 관심을 가지고 있는 모든 사람을 독자로 상정하고 있다. 케르스팅 교수와의 대담 및 클렘메 교수와의 대담은 좀 더 전문적인 주제들을 다루고 있다. 이 대담들은 칸트철학 연구자와 실천철학 연구자들에게 칸트철학의 특정한 모습을 제시하기 위한 것이다. 마지막의 루트비히 교수와의 대담은 오직 칸트철학 연구자만을 위한 것이며 칸트 텍스트 연구에 관한 것이다.

대담을 책으로 출판하는 것이 학계에서 드문 일은 아니지만, 다수의 외국인 학자를 직접 만나 그들과 나눈 대화를 하나의 텍스트로 만들어내는 것은 내가 아는 한 최초의 시도이다. 기존의 텍스트들은 특정인과 여러 차례 대담한 것을 담고 있거나 아니면 다수의 사람이 일정한 시공간에서 나눈 대담을 담고 있기 때문이다. 최초의 시도인 만큼 작업의 어려움과 결과의 미신함을 피할 수 없었다. 독자들의 이해를 구할 뿐이다.

이와 같은 대담을 기획하게 된 것은 벌써 수십 년 전의 일이다. 젊은 시절 서양철학을 전공 분야로 선택했을 때, 나는 내가 영원히 '아류亞流 철학자'에 머물 것이라는 사실을 분명히 알고 있었다. 십 년쯤 지나 독일로 유학을 떠날 때, 나는 내가 '남의 철학' 연구에 평생을 바치게 될 것이라는 사실을 분명히 깨달았다. '아류 철학자'는 내게 별다른 두려움이 되지 않았지만 '나의 철학' '우리의 철학'을 할 수 없다는 사실은 쉽게 체념할 수 있는 일이 아니었다. 80년대 대학에서 철학을 공부한 사람은 누구나 그랬다. 그때 내게 떠오른 생각이 '대담을 통한 철학 활동'이었다. 우리에게 필요한 남의 철학을 우리 학계에 소개함으로써 '우리의 철학'의 발전에 간접적으로나마 기여하고 싶었다. '정직한 수입업자', 그것이 당시 나 자신에게 부여했던 역할이었던 셈이다.

외국 철학의 수입을 철학 활동이라 할 수 있다면, 대담은 매우 훌륭한 철학 활동이다. 대담은 활자화된 자료의 연구에 비해 훨씬 현장감 있는 정보를 제공하며 또한 외국 학자의 강연에 비해 기획자에게 보다 많은 활동 공간을 제공하기 때문이다. 하지만 대담의 강점은 무엇보다도 철학자의 철학 활동 자체를 들여다보는 기회를 제공한다는 점에 있다. 전문가의 충분한 준비를 거친 대담이라면 우리는 저서나 논문 또는 학술 대회 등을 통해서는 도달할 수 없는, 전혀 새로운 모습의 철학을 만날 수 있을 것이다.

독일에서 학위를 마치고 귀국한 사람들은 자신의 지도 교수나 동료 학자와의 학문적 관계를 귀국과 함께 모두 잃어버리곤 한다. 이유가 무엇이든 그것은 개인적으로나 학계 차원에서나 너무도 큰 손실이다. 같은 길을 걸었던 사람으로서 또 학계의 한 구성원으로서 나는 늘 마음 한구석에 아쉬움을 갖고 있었다. 그러한 아쉬움이 내가 이번 작업을 마무리할 수 있도록 한 가장 큰 힘이었다. 동일한 작업을 하는 또 다른 사람이 등장한다면 나로서는 더 이상의 영광이 없을 것이다.

오랜 시간 기다리고 많은 준비를 거친 작업이지만 막상 구체적 결과물을 내놓으려니 반가움보다는 두려움이 앞선다. 은사님들, 동료 학자들, 가족들에게 부끄러움만 더하는 일이 아닐까, 마음이 무겁다. 대담에 응해주었던 다섯 분의 철학자에게 고마움을 전하며 이학사의 강동권 사장님께도 진심으로 감사드린다.

2010년 4월 연희동에서

이충진

차례

1. 칸트 법철학의 현주소

- 브란트 교수와의 대담 -

대담 날짜: 2005년 1월 29일

대담 장소: 독일 마르부르크Marburg 브란트 교수 자택

브란트Reinhard Brandt 교수는 1937년 생으로 마르부르크 대학교 철학부 교수를 지냈으며, 현재 프랑크푸르트학술원 회원으로 있다. 주요 연구 분야는 계몽주의 철학, 칸트철학, 근대 정치철학, 미학 등이다.

브란트 교수는 『재산권 이론: 그로티우스에서 칸트까지 Eigentumstheorien von Grotius bis Kant』(1974)에서 칸트 법철학이 비판전기와 비판후기에서 전혀 다른 모습을 보이고 있음을 성공적으로 제시하였다. 또한 그는 『계몽주의 시대의 법철학Rechtsphilosophie der Aufklaerung』(1982)을 편찬했으며, 그곳에 발표한 논문 「허용 법칙: 칸트 법이론에서의 이성과 역사Das Erlaubnisgesetz oder: Vernunft und Geschichte in Kants Rechtslehre」(1982)는 칸트 법철학 연구를 칸트 정치철학 및 역사철학 연구로 확장시켰다는 평가를 받고 있다. 브란트 교수는 베를린 아카데미에서 주관하고 있는 칸트 전집 편찬 사업에 참여하여 『칸트 인간학 강의록Immanuel Kant, Gesammelte Schriften(Bd. XXV, 1997)』을 발간했다.

홈페이지 주소는 다음과 같다. http://www.staff.uni-marburg.de/~brandt2

이충진: 칸트의 『법이론Rechtslehre』 발간 200주년 및 칸트 서거 200주년을 맞이하여 전 세계의 수많은 철학자가 칸트 법철학을 조명한 것으로 알고 있습니다. 한국칸트학회 역시 지난해 네 번의 기념학회를 가졌으며, 올해 겨울에는 칸트 법철학을 특집으로 계획하고 있습니다. 오늘 칸트 법철학 전문가인 브란트 교수님을 모시고 인터뷰를 하게 되어 참으로 감회가 깊습니다. 먼저 인터뷰에 응해주신 브란트 교수님께 감사드립니다. 그동안 잘 지내셨는지요?

브란트: 예, 잘 지내고 있습니다. 여기까지 오셔서 이렇게

인터뷰할 수 있는 기회를 주셔서 감사드립니다.

이충진: 첫 번째 질문은 칸트 법철학의 수용에 관한 것입니다. 칸트는 73살의 나이로 『법이론』을 출판했습니다. 그때가 1797년이었습니다. 이 후기 저작에 대해 당시 동시대인들의 반응은 어떠했는지요? 모든 경우가 그렇듯이, 긍정적인 것과 부정적인 것 모두 있었을 것 같습니다만…….

브란트: 『법이론』에 대한 동시대인들의 반응은 대체로 부정적이었습니다. 말년의 칸트는 명성이 매우 높았지만 『법이론』은 사람들의 기대를 충족시키지 못했습니다. 그의 명성에 걸맞은 작품을 고대하던 사람들은 크게 실망했습니다. 칸트를 신뢰하던 몇몇 법학자와 철학자를 제외하곤 『법이론』은 사람들의 주목을 끌지 못했습니다.

이충진: 특별한 이유가 있었습니까?

브란트: 물론 시대적 상황이 작용을 했습니다만, 무엇보다도 텍스트 자체에 큰 문제가 있었습니다. 칸트는 자신의 저서를 꼼꼼하게 검토하는 사람이 아니었습니다. 『프롤레고메나』처럼 『법이론』 역시 상당히 많은 결함을 가지고 있는 텍스트였습니다. 가령 어떤 논의는 처음과는 전혀 다른 방향으로 전개되어갔기도 했고 심지어 어떤 곳에는 전후 논의와 관계없는 엉뚱한 단락이 들어 있기도 했습니다. 쇼펜하우어가 『법이론』을 '노인네의 작품'이라고 불렀던 것은 바로 그와 같은 텍스트의 결함 때문이었던 것이지요.

이충진: 『법이론』에 대한 긍정적인 반응은 없었습니까? 예를 들어 피히테와 그의 후계자들은 칸트의 이성법理性法에 신뢰를 가지고 있지 않았던가요?

브란트: 피히테는 역사적으로나 학문적으로 국외자였습니다. 당시 그는 별다른 영향력이 없었습니다. 피히테는 라우트R. Lauth의 『피히테 전집』 발간을 계기

로 학문 역사의 영역 안에 들어오기 시작했습니다. 아직도 진행 중이기는 합니다만 그것은 독일 학계의 기념비적 사건이라 할 수 있습니다.

이충진: 드라이어R. Dreier는 20세기 중반 독일에서의 법철학 연구 경향을 평가하면서 '칸트 법철학에로의 복귀는 오늘날 핵심적 흐름이다.'라고 말했습니다. 그런데 이와 같은 평가는 칸트 법철학에 대한 연구가 그 이전에는 활발하지 않았다는 점을 함축합니다. 그렇다면 두 가지 의문이 떠오릅니다. 첫째, '『법이론』 출간 후 150년 가까이 칸트 법철학이 연구가들의 주목을 받지 못한 이유는 무엇인가?'와, 둘째, '20세기 중반에 칸트 법철학이 새롭게 주목받게 된 이유는 무엇인가?'입니다. 먼저 첫 번째 의문에 대해 말씀해주시지요. 텍스트의 결점만으로는 다 설명될 수 없을 것 같습니다만…….

브란트: 19세기는 관념주의 철학의 시대였습니다. 가령

헤겔은 칸트 법철학을 매우 강하게 비판했습니다. 헤겔은 법에게 인륜성의 전 단계라는 부분적·지엽적 위상만을 부여했으며, 같은 맥락에서 칸트 법철학을 폄하했습니다. 오늘날에는 더 이상 법철학적 관심의 대상이 아니기는 합니다만, 헤겔의 체계 전체성 개념 및 그에 의거한 칸트 비판은 오랫동안 칸트 법철학에 불리하게 작용해왔습니다. 칸트는 이론적으로나 실제적으로나, 즉 법학의 발전에 있어서나 실정법의 제정에 있어서나 별다른 역할을 할 수 없었던 것이지요. 칸트 텍스트가 출간되었을 때는 이미 전혀 다른 세계가 시작되고 있었던 것입니다.

이충진: 그렇다면 지난 세기에 칸트 법철학이 주목받게 된 특별한 이유라도 있는지요?

브란트: 세기말을 전후해서 칸트의 법사상은 일정 정도나마 현실화되기 시작했습니다. 영원한 평화를 위한 칸트의 기획이 실현된 것입니다. 또한 두 번의

세계대전은 가령 비코G. B. Vico[1668~1744, 이탈리아 철학자]나 헤겔의 '불가피한 전쟁'이라는 잘못된 생각에 종지부를 찍게 만들었습니다. 평화 실현의 시급성이 확인된 것이지요. 20세기는 우리에게 그 점을 가르쳐주었습니다. 제2차 세계대전 이후 칸트 법철학은 새로운 활력을 얻게 되었습니다.

이충진: 좀 더 구체적으로 말씀해주시지요.

브란트: 전후 독일에는 자연법에로의 복귀가 시도되었고 그와 함께 칸트의 이성법이 주목되기 시작했습니다. 하지만 이성법 사상은 영국에서는 전통적으로 매우 의심스러운 것으로 간주되어왔습니다. 이미 1790년대의 영국인들은 프랑스혁명이 법을 구체적 역사 연관으로부터 추상적 이성법에로 후퇴시켰다고 평가한 적이 있습니다. 프랑스혁명은 총체적 파국이라는 것이지요. 그들의 생각에 따르면 법이란 실정법의 지속성 안에서만 발전할

수 있는 것이지 이성에 의해 발전되는 것이 아니었습니다. 제2차 세계대전 후 독일에서 비록 연합군과 보수당이 자연법사상을 선호하기는 했어도 칸트의 이성법은 여전히 기회를 가질 수 없었습니다. 60년대까지 그와 같은 형태의 실천철학은 거의 관심을 끌지 못했습니다. 그런데 리델M. Riedel에 의해 변화의 계기가 마련되었습니다. 그의 방대한 저서는 이 주제를 처음으로 논의의 중심에 세웠습니다. 그후 프랑크푸르트학파의 이성화Rationalisierung〔합리화〕 논의가 등장했습니다. 가령 하버마스J. Habermas 같은 사람은 법공동체 및 제도적 안전성이 결여된 곳에서는 인간의 삶이 가능하지 않다는 것을 깨달았습니다. 이러한 논의들과 함께 점차로 칸트의 이성법은 체계적 연구 및 역사적·비판적 연구의 전면에 등장하게 되었습니다. 이후 칸트 법철학에 대한 집중적인 연구가 시도되었으며 그의 법철학 저서인 『법이론』이 전 세계에 알려지게 되었습니다. 상당히 긴 우회로를 거쳐 도달하게 된 역사적 결과인 셈입니다.

『법이론』은 오늘날 매우 많이 읽히고 있는 텍스트라고 말할 수 있습니다.

이충진: 이제 칸트 법철학 자체에 대해 이야기해볼까요. 근대 법철학을 대표하는 사람으로 우리는 홉스, 로크, 루소, 헤겔 등을 이야기하곤 합니다. 제가 알기로 최소한 '칸트 법철학에로의 복귀' 내지는 '칸트 법철학의 르네상스' 이전까지는 그랬던 것이 사실입니다. 지금은 물론 상황이 많이 바뀌어서 칸트 역시 최고의 법철학자로 평가되고 있기는 합니다만……. 오늘날 우리가 칸트 법철학에 주목하는 것은 칸트 법철학이, 리델의 표현을 빌려 말하자면, 홉스, 로크 등의 경험주의적 자연권 이론과 다르며 또한 헤겔 식의 법철학과도 다르기 때문일 것입니다. 과연 칸트 법철학은 이들과 어떤 점에서 구분됩니까? 칸트 법철학의 고유성은 어떤 것이라고 생각하시는지요?

브란트: 상당히 어려우면서도 핵심적인 문제입니다. 무엇

보다도 칸트는 하나의 체계를 구축하고자 시도했습니다. 각인의 자유가 모든 사람의 자유와 상호 공존할 수 있는 최소 조건들의 체계를 말입니다. 그것은 강제력이 수반된 법칙들의 체계를 의미했습니다. 우리는 이러한 법칙을 이성법이라고 부릅니다. 이성법에 의거하여 다수의 사람들은 상호 통합을 거쳐 하나의 자유 공동체를 만들 수 있습니다.

기본 원칙은 이런 것이지요. 법칙성Gesetzlichkeit이 없는 한 자유는 존재할 수 없다. 각인의 자유가 모든 사람의 자유와 상호 공존할 수 있게끔 만드는 것은 곧 법칙성이다.

강제 법칙을 수반하지 않는 자유란 사실 조금만 생각해보면 하나의 허구에 불과합니다. 가령 행정 권력이 없는 입법 권력이란 것이 무슨 의미가 있겠습니까? 강제법에 의거하는 자유, 그것은 상호 공존을 가능하게 하는 최소한의 것입니다. 칸트는 『법이론』에서 이러한 생각을 발전시켰고 결과는 성공적이었습니다. 켈젠, 하버마스 등과 같은 현대의 대표적 사상가들이 칸트의 이성법 개념에 주목하는 것도 바로 그런 이유 때문입니다.

이충진: 우리는 칸트 법철학에서 이른바 코페르니쿠스적 전환을 발견할 수 있는지요?

브란트: 코페르니쿠스적 전환이라고 부를만한 것은 역시 정언명령과 당위의 개념입니다. 법공동체는 자유법칙들의 제정을 통해서 성립하는 것인데, 칸트의 경우 그러한 자유법칙들은 모두 당위법칙들이었습니다. 그것은 가령 국가기관에 의해 제정되는 법칙들과는 전혀 다른 것입니다. 칸트에 따르면 이러한 당위법칙들은 모두가 도덕법칙으로서의 정언명령에 근거하고 있습니다.

이와 관련해서 도덕과 법의 분리라는 전통적인 문제가 등장합니다. 많은 칸트 연구가가 칸트는 이 문제를 해결하지 못했다고 주장합니다만 저의 생각은 다릅니다. 칸트는 법철학을 철저한 '외면성外面性'의 이론으로 이해했습니다. 인간은 타인을 행위 공간에서 만나며, 이곳에서 인간은 모두가 외적으로 행위하는 존재자입니다. 물론 행위자로서의 인간은 행위 의도 역시 가지고 있습니다만, 이러한 행위 의도는 가령 사법적 판결을 내리거나 법을 제정하는 경우 전혀 고려의 대상이 되지 않습니다. 국가라는 법공동체는 시민의 심정이나 신념 등에는 관여하지 않는 것이지요. 칸트는 예를 들어 관용을 법적인 문제로 논의하는 것을 철저하게 경계했는데, 왜냐하면 관용은 법공동체 내부에서 자연적으로 해결되어야 할 사안이지 법 자체에 의해 규정될 수 있는 사안이 아니기 때문이었습니다.

이러한 외적 행위자로서의 인간에게 칸트는 honeste vive!〔너는 법적 주체가 되어야 한다!〕라는 매우 독특한 정언명령을 통해 하나의 법의무를 부과합니다. 이것이 과연 법적 명령인지 아니면 도덕적 명령인지는 여전히 많은 논란의 대상이 되고 있기는 합니다만…… 인격체로서의 인간은 누구나 자기 자신을 법적 주체로 만들고 또 법적 주체의 자격을 지속해야 합니다. 그것은 하나의 의무입니다. 예를 들어 나는 타인과의 계약을 통해서 나 자신을 노예로 만들어서는 안 됩니다. 스스로의 판단에 따라 법적 행위를 할 수 있는 가능성을 말살시키는 행위들, 자신의 행위에 대해 책임질 수 있는 가능성을 말살시키는 행위들, 법적 주체로서의 자립성을 말살시키는 행위들은 분명 실정법과 무관하게 선천적으로 금지되어 있는 행위들입니다. honeste vive는 외면성의 영역에서 정언명령에 의해 제시된 의무입니다. 그것은 당위의 의무이며 당위법칙에 의거해서 규정된 의무입니다. 이 법의무로부터 여타의 모든 법의무 및 그것을 규제하는 외적 법칙들이 유래합니다.

시민들 상호 간의 법적 의무에 관한 논의는 당위의 차원에서 확인된 법의 가능 조건들 및 법공동체 유지의 가능 조건들에 관한 논의 이후에야 등장합니다. 이것이 칸트입니다. 국민에 대한 국가의 법적 의무에 관한 논의 역시 마찬가지입니다. 국가는 미성년자가 성년의 국가 시민으로 성장하도록 도와야만 한다 등등의 조건적 의무에 관한 논의 말입니다. 사실 honeste vive 문제는 이 박사님이 나보다 더 잘 알고 계실 것입니다만…….

이충진: 아니요. 전혀 그렇지 않습니다……. 칸트 법철학의 고유성에 대해 좀 더 이야기를 해볼까요. 헤겔은 도덕에서 법을 분리시키는 것을 비판하고 인륜성 개념을 제시했습니다. 이것은 오늘날에도 많은 주목을 받고 있는 부분입니다. 이 점과 관련해서 칸트와 헤겔의 상이성을 간단히 말씀해주시겠습니까?

브란트: 칸트는 분리의 철학자였습니다. 현상과 물자체, 자연과 자유, 도덕과 법 등을 분리했지요. 관념주의 철학은 그와 같은 분리를 극복하고자 했습니다. 이러한 분리는 칸트 법철학 내부에도 등장했고 헤겔은 그것 역시 지양하고자 했습니다. 헤겔의 생각에 따르면 인간으로서의 나와 시민으로서의 나, 이 양자는 서로 분리되어 있어서는 안 됩

니다. 인간은 자기 자신을 시민으로 발전시켜야 하는 것이지요. 우리는 국가 안에서 '인간으로서 동시에 시민으로서' 살고 있는 것이며, 시민으로서의 자신을 완성시키는 것은 동시에 인간으로서의 자신을 완성시키는 것이지요. 이 둘은 서로 분리되어 있지 않습니다. 반면에 이 점에 있어서 칸트는 다른 입장에 있었습니다. 칸트는 이 둘을 서로 분리시켰습니다. 칸트적인 방식으로 이야기하자면 이렇습니다. 인간으로서의 삶은 개인적·사적私的인 것입니다. 사적 존재로서 인간들은 외적 공간에서 상호 교류하게 됩니다. 그런데 만일 타인과의 교류 과정에서 자신의 권리가 침해당하기를 원하지 않는다면 그러한 권리 보장을 가능하게 만드는 공동체의 창출이 불가피합니다. 정치의 필연성이 등장하게 되는 것이지요. 이러한 정치의 필연성에 직면하여 칸트는 헤겔과는 다른 길을 선택했습니다. 칸트는 우리가 훌륭한 시민이 되는 것만으로도 공동체를 창출하고 유지할 수 있다고 생각했던 것입니다. 사적인 삶은 별개의 문제였지요. 이와 같은 칸트의 생각을 인륜성의 철학자인 헤겔로서는 결코 받아들일 수 없었습니다. 헤겔의 생각에 따르면 근대적 의미의 법치국가Rechtsstaat는 고대적 의미의 폴리스의 한 부분일 뿐이며, 근대국가 안에서의 인간 삶은 폴리스 안에서의 총체적 인간 삶의 한 부분일 뿐이었으니까요. 이 점에 있어서 헤겔은 여전히 고대 철학의 전통 위에 서 있는 사람입니다.

이충진: 제2차 세계대전 후 많은 법학자가 칸트를 받아들일 때, 그들은 인간 존엄성, 인권, 평화, 세계 연맹, 세계시민권 등의 칸트 개념에 주목했습니다. 이러한 개념들은 로크, 루소, 헤겔 등에서는 발견되지 않는 것들입니까? 우리는 이런 것들을 칸트의 고유성을 나타내는 표식어로 받아들여도 되겠습니까?

브란트: 칸트가 제시했던 법체계, 특히 공법의 체계는 국가법, 국제법, 세계시민법의 세 부분으로 구성되

어 있습니다. 자기 완결적 구조를 가지고 있는 공법의 체계는 세계시민법에서 완성되는데, 이것은 전 지구적 차원의 공법적 질서를 의미합니다. 칸트 이외의 어느 누구도 인류 공동체 전체를 위한 보편적 법질서를 구상한 적이 없었습니다. 근대 자연권 이론가들은 단일국가 차원의 법질서만을 생각했으며, 칸트 시대의 법학자들이 생각했던 국제법 역시 유럽이란 제한된 범위를 넘어서지 못했습니다. 초기의 루소에게서 전 지구적 법공동체의 개념이 발견되기는 합니다만, 그의 사회계약이론은 이러한 전 지구적 질서가 개별 국가에 의해 국내적으로 또 대외적으로 어떻게 실현되어야 하며 실현될 수 있는지에 대해서는 언급하지 않습니다. 홉스도 플라톤이나 아리스토텔레스처럼 국가의 내적 구조의 문제를 타국과의 전쟁에 대비하고 승리하기 위한 것으로서만 논의하고 있을 뿐입니다. 칸트는 단일국가의 법질서를 지구상의 모든 국가와의 외적·법적 연관 속에서 이해했으며, 정언명령에 의해 제시되는 법질서 창출의 법의무를 전 지구적 차원으로 확대했습니다. 그것은 물론 평화 창출의 의무를 의미합니다. 1795년의 『영구평화론Zum ewigen Frieden』에서나 1797년의 『법이론』에서나 마찬가지입니다. 두 차례의 세계대전을 겪으면서 인류가 직면하게 된 새로운 과제를 해결하기에 칸트의 구상은 매우 효과적이었습니다. 아시다시피 국제연맹이나 국제연합은 군사력을 보유하지 않는 국제기구 등과 같은 칸트의 생각을 모델로 해서 만들어진 것입니다. 이러한 부분들은 다른 사상가들에게서는 찾아볼 수 없는 것들입니다.

이충진: 말씀하신 칸트 법철학의 고유성은 그의 철학 내지는 그의 철학적 사유 방식의 고유성에 기인할 것 같습니다만…….

브란트: 물론입니다. 방금 말씀드린 것처럼 칸트는 분리의 철학자였습니다. 하나의 전체 철학체계로부터 어느 한 특정 부분을 떼어내어 현실에 적용하는

것이 칸트에게는 전혀 어렵지 않습니다. 우리는 칸트철학 전체를 제3자의 입장에서 조망하면서 그중에서 우리에게 도움이 될만한 부분만을 떼어 내어 연구하고 논의할 수 있습니다. 칸트 자신의 논의 맥락과 무관하게 말이지요. 가령 분석명제와 종합명제에 관한 칸트의 이론을 논의하고 연구하는 것은 그의 선험철학 전체나 실천철학에 관한 지식 없이도 가능하며 또한 생산적이기도 합니다. 윤리학의 문제나 미학의 문제 역시 마찬가지입니다. 법철학이나 평화 이론도 예외가 아닙니다. 현재 우리의 문제를 칸트와 연관시킬 수 있는 지점이 매우 많이 존재하는 셈이지요. 이것은 그가 분리의 철학자였기 때문에 가능한 것입니다. 헤겔이나 다른 철학자들의 경우 이것은 거의 가능하지 않습니다.

이충진: 세 번째 주제는 칸트 법철학의 적시성適時性에 관한 것입니다. 많은 사람이, 심지어 몇몇 철학자조차 200년 전의 철학, 더욱이 200년 전의 실천철

학을 연구하는 것에 대해 회의적인 입장을 취합니다. 삶의 조건이 달라졌고 따라서 칸트철학은 시대에 뒤떨어진다는 생각 때문입니다. 만일 칸트 법철학에 대한 연구가 단지 문헌학적·역사적 관심을 충족시키기 위한 것이 아니라면, 그리고 만일 우리가 칸트 법철학 연구는 현재 우리의 문제를 해결하기 위한 것임을 주장하고자 한다면, 우리는 칸트 법철학 연구의 적시성을 제시해야만 합니다. 현실적 차원에서의 적시성은 앞에서 잠깐이나마 언급되었고 또 자세하게 이야기하자면 끝이 없을 테니까 현대 철학과의 연관성에 국한시켜 이야기하는 것이 효과적일듯합니다. 먼저 하버마스와 롤즈J. Rawls로 대표되는 현대 법철학과 칸트 법철학 사이에는 어떤 연관성이 있는지요? 간략하게 말씀해주시기 바랍니다.

브란트: '칸트에게서는 사적私的 권리 및 인권과 입법자의 보편의지가 상호 대립되고 있을 뿐 양자의 상호 제약 관계가 주목되고 있지 않다.'라고 하버마스

는 칸트를 비판합니다. 하지만 그의 비판은 잘못된 것입니다. 칸트가 말하는 인권은 국가 입법에 의한 실정화實定化에 의존하며, 동시에 국가 입법은 개인의 인권을 전제하지 않는 한 아무것도 할 일이 없습니다. 칸트에게는 너무도 명확한 사실이지요. 칸트에 대한 하버마스의 오해는 정언명령에 대한 그의 해석에서도 발견됩니다. 그는 정언명령을 행위 의도의 보편화 원리로 이해하고 있습니다. 즉 '모든 사람이 나와 동일한 것을 원할 수 있는가를 나는 나 자신에게 물어보아야 한다.'라고 말이지요. 이것은 분명 칸트의 생각과는 다른 것입니다. 물어야 할 물음은 '나의 준칙이 법칙으로서의 자격을 가지는가? 즉 그것은 필연적으로 보편적인가?'라는 것이지요. 나는 내 의지의 내용을 법칙성의 형식으로 대체해야만 합니다만, 이와 같은 필연성의 개념을 하버마스는 전혀 간과하고 있습니다. 물론 하버마스의 잘못된 칸트 이해가 그의 이론적 성과에 부정적 영향을 미치는 것은 아닙니다. 나는 주저 없이 『사실성과 타당성』을 20세기를 대표하는 법철학 텍스트 중의 하나로 추천하겠습니다. 탈형이상학의 시대인 현대에 과거의 형이상학적 유물이 지속될 수 없다는 사실을 하버마스는 잘 알고 있었고, 이 때문에 이른바 선험철학화의 해체를 시도하고 있기는 합니다만, 하버마스의 '계몽 프로젝트'는 칸트의 보편윤리의 기획과 동일한 선상에 있습니다. 그것은 부인할 수 없는 사실입니다.

이충진: 롤즈의 정의론과 칸트 법철학도 간략하게 비교해 주시겠습니까?

브란트: 법과 정의의 문제는 철학의 역사와 함께 시작된 것이기는 하지만 근대에 들어오면서 이전과는 다른 문제 상황에 직면하게 됩니다. 근대인들은 누구나 법적인 의미에서 자유롭고 평등한 존재로 태어나고 살아갑니다. 인간으로서든 또 국가 시민으로서든 말입니다. 문제는 자유와 평등이라는 전제가 받아들여진다고 해도 인간들 사이에는 여

전히 불평등이 존재하고 존재할 수밖에 없다는 사실이지요. 이러한 실질적·사회적 불평등을 어떻게 정당화시킬 것인가? 그것은 로크의 문제였으며 부분적으로는 루소와 칸트의 문제이기도 했습니다. 롤즈 역시 비슷한 문제의식을 가지고 있습니다. 다만 당시의 미국 상황 때문에 롤즈는 정의의 문제를 주로 분배 정의의 문제라는 제한된 범위에서 다루기는 했습니다만……. 롤즈와 칸트의 차이점에 관해서라면 저는 두 가지에 주목하고 싶습니다. 먼저 롤즈는 사람들 또는 시민들의 자유와 평등을 단순히 전제하고 있지만, 이것은 사실 정당화 내지는 해명이 필요한 사안입니다. 체계철학자로서의 칸트에게서는 이러한 해명을 위한 논의를 보다 쉽게 발견할 수 있습니다. 다음으로는 처벌 정의의 문제입니다. '인간의 자유와 평등을 받아들이면서 어떻게 한 인간이 다른 인간을 처벌하는 것이 정당화될 수 있는가?' 이 문제에 대해 롤즈는, 하버마스와 마찬가지로, 진지하게 생각해보지 않았습니다. 아마도 롤즈는 이 문제의 중요성을 깨닫지 못한 것 같습니다. 처벌 정의는 법철학의 핵심 문제인데도 말입니다. 이에 관한 한 칸트는 롤즈를 훨씬 능가한다고 말할 수 있습니다. 제가 듣기로 롤즈는 『도덕형이상학원론』은 읽어보았지만 『법이론』에 대해서는 거의 아는 바가 없다고 하더군요.

이충진: 영미권에서 칸트 정치철학이 논의의 중심에 놓이게 만든 것은 아렌트H. Arendt의 공헌입니다. 게르하르트V. Gerhardt는 그녀의 업적을 인정하면서도 '아렌트는 『판단력비판』만이 아니라 『영구평화론』에도 주목했어야 했다.'라고 말하고 있습니다. 왜냐하면 그는 『영구평화론』이야말로 칸트 정치철학을 대표하는 저서라고 생각하고 있기 때문입니다. 칸트 정치철학을 해석함에 있어서 아렌트가 잘못 이해하고 있거나 간과하고 있는 점이 있다면 어떤 것들입니까?

브란트: 칸트는 『판단력비판』에서 판단이 만들어지는 모

습에 관하여 언급하고 있습니다. 이러한 판단 형성에 포함되어 있는 잠재적 정치성에 주목하도록 만든 것은 분명 아렌트의 공헌입니다. 공통감sensus communis은 미학적 맥락에서도 '창출되어야' 하는 것입니다. 인간들 사이의 공통부분이란 처음부터 존재하는 것이 아니라 우리가 만들어내야 하는 것이지요. 그것은 『판단력비판』의 반성적 판단력이 감당해야 할 과제였으며, 이 점이 바로 잠재적 정치성과 연결되는 부분입니다. 하지만 정치의 문제에 있어서 반성적 판단력이 관여할 수 없는 부분이 있습니다. 가령 법공동체의 구조는 오직 실천이성의 규정적 판단 활동의 대상일 뿐입니다. 삼권분립의 필연성이라든가 권리의 분류 등이 그렇습니다. 이것은 반성적 성찰에 의해 임의로 결정될 수 있는 것이 아니라 실천이성에 의해 이미 규정되어 있는 것입니다. 『영구평화론』과 『법이론』이 필요한 것이지요. 칸트는 거의 언급하고 있지 않습니다만, 판단력의 포섭 활동을 법철학적 문제와 연관시켜보는 것도 좋을듯합니다. 가령 칸트는 판사의 판결 활동을 특수를 보편 아래 포섭하는 활동으로 이해했습니다. 법조문 아래 특정 사건을 포섭하는 것이 판결 활동이고 이것에는 원칙적으로 아무런 어려움이 없다고 생각했습니다. 하지만 그럴 수는 없겠지요. 입법 활동 못지않게 판결 활동 역시 논리적 포섭 활동에 비해 훨씬 더 많은 창의성이 요구되는 활동입니다. 현실 맥락 안에서 이루어지는 법 집행의 경우를 생각해보면 금방 알 수 있는 일이지요.

이충진: 실천이성이 보편적 법칙을 제정하되 법의 집행을 위해서는 판단력의 활동이 단순히 논리적 포섭 활동에 머물러서는 안 된다…… 그런 말씀이신 것 같습니다만, 그것이 반성적 판단력의 잠재적 정치성과 어떤 연관을 가지는지 저에게는 분명하지 않군요.

브란트: 예를 들어보죠. 대략 1920년대에 독일과 영국에 전력 공급 시설이 설치되기 시작했습니다. 그런

데 도시 안에 전봇대가 세워지자 몇몇 사람이 전봇대 위에 있는 전선에 구리줄을 연결하여 전기를 자기 집으로 끌어들였습니다. 돈을 내지 않고 말이죠. 당시 독일은 그 행위를 처벌할 수 없다고 판결했습니다. 처벌 근거로 삼을 수 있는 관련법이 존재하지 않는다는 것이 그 이유였습니다. 에너지도 훔칠 수 있다는 것을 미처 생각하지 못했던 것이지요. 물론 바로 법을 제정하여 더 이상의 피해를 막기는 했습니다만…… 영국에서라면 즉각 처벌되었을 것입니다. 영국인들은 그러한 사안을 법 안에 규정해놓아야 할 필요성을 느끼지 않았습니다. 돈 들여 만든 전기를 그냥 가져가는 것은 도둑질임을 누구나 알고 있을 것으로 생각했기 때문입니다. 이렇듯 독일 국민들 사이에 존재하는 공유 부분과 영국 국민들 사이에 존재하는 공유 부분은 서로 달랐던 것이지요.

이충진: 그러니까 정치란 사람들 사이에 공유 부분을 만들어내고 그것을 계속 유지하는 활동이라는 말씀

이시군요. 칸트는 판단력의 반성적 활동이 그런 역할을 담당하고 있다고 보고…….

브란트: 그렇습니다.

이충진: 현대 철학자들은 대체로 탈형이상학적 보편윤리의 창출을 가장 시급하고 중요한 이론적 과제로 받아들이고 있습니다. 이것을 위해 우리가 칸트 법철학으로부터 도움을 받을 수 있다면, 가장 중요한 것은 어떤 것이라고 생각하십니까? 혹은 『실천이성비판』이나 『순수이성비판』의 저자로서가 아니라 법철학자로서의 칸트는 이 점에서 우리를 전혀 도울 수 없는지요?

브란트: 형이상학 없는 보편윤리란 가능하지 않습니다. 형이상학 없이는, 전체성을 담지하는 형이상학적 개념들 없이는 누구도 근본적인 문제들에 접근할 수 없으며 진정한 의미의 보편성에 도달할 수 없기 때문입니다. 물론 칸트의 전제들 중 어떤 부분

은 오늘날 더 이상 받아들여질 수 없습니다. 우리는 그의 전제들을 검토하고 변형해서 우리의 문제를 담지하는 형태로 바꾸어야 합니다. 이론철학, 실천철학, 미학 등 모든 영역에서 말입니다. 잘 아시다시피 『법이론』의 원래 제목 역시 '법이론의 형이상학적 단초들' 아닙니까? 물론 오늘날 우리가 칸트주의자가 될 수 있다는 것은 아닙니다만…….

이충진: 무슨 말씀이신지요? 칸트주의자가 될 수 없다니요?

브란트: 우리는 칸트를 가령 예전의 신칸트학파처럼 받아들일 수는 없습니다. 예를 들어 칸트 역사철학의 기본 전제인 '역사 안의 이성'은 더 이상 유지될 수 없는 개념입니다. 결혼을 계약관계의 관점이 아니라 소유관계의 관점에서 접근하는 것도 더 이상 통용될 수 없는 입장입니다. 이제는 누구도 칸트주의자가 될 수 없습니다. 저 역시 평생 동안

칸트를 연구했습니다만 많은 부분에서 칸트의 주장을 받아들일 수 없습니다. 하지만 그가 다루었던 주제들에 주목하고 그것들을 나름대로 새롭게 논의해가면서 나는 칸트로부터 참으로 많은 것을 배웁니다. 그런 점에서 칸트는 훌륭한 스승이라고 할 수 있습니다. 현존하는 최고의 철학자들이 모두 칸트에 주목하고 칸트철학을 연구하는 것은 바로 칸트와의 대결을 통해 많은 도움을 얻기 때문일 것입니다. 핵심적 문제들을 올바른 맥락에서 올바른 방식으로 논의하는 것, 그것은 논의 결과에 대한 동의 여부와 무관하게 매우 중요한 철학적 의미를 갖습니다. 칸트철학의 적시성을 말하라고 하면 저는 그 점이 가장 중요하다고 강조하겠습니다. 칸트 법철학 역시 마찬가지입니다.

이충진: 누구도 칸트주의자가 될 수 없다는 말씀을 들었을 때 저는 정말 놀랐습니다만…… 이제 시간이 많이 지났으니 긴장을 풀고 가벼운 이야기를 해보도록 하지요. 브란트 교수님 역시 '칸트 법철학

에로의 복귀'에 많은 기여를 하셨습니다. 1974년의 『재산권 이론』과 1982년의 『계몽주의 시대의 법철학』 등이 그 시기 교수님의 대표적 업적이라고 할 수 있을 것입니다. 혹시 교수님께서 칸트 법철학에 대해 관심을 가지게 된 특별한 개인적인 이유라도 있는지요?

브란트: 두 가지를 말할 수 있겠지요. 먼저 저는 에빙하우스J. Ebbinghaus의 제자였습니다. 저는 그로부터 칸트 법철학을 배웠고 스승에 대한 나름대로의 비판을 통해 학문적으로 성숙해갔습니다. 다른 하나는 당시 시대 상황 때문이었습니다. 1960년대에는 맑스의 사회철학이 각광을 받았습니다만 저는 동의할 수 없는 부분이 많이 있었습니다. 관심 분야와 문제의식은 비슷했지만 사회에 대한 이해 및 인간에 대한 이해에서 많은 차이가 있었지요. 물론 결국에는 모든 것이 개인적 결단의 소산이었지만요.

이충진: 대학 시절 저 역시 비슷한 처지에 있었습니다. 그러고 보니 저는 좋은 스승을 만난 행운아인 셈이군요.

브란트: 이 박사님을 만나게 된 것은 저에게도 큰 행운이었습니다.

이충진: 이곳 마르부르크는 신칸트학파의 본거지로 알려져 있습니다. 마르부르크학파는 오늘날에도 여전히 지속되고 있는지요? 아니면 이미 과거의 일이 되어버렸는지요? 교수님은 자신이 마르부르크학파의 계승자라고 생각하시는지요?

브란트: 마르부르크의 신칸트학파는 더 이상 존재하지 않습니다. 코헨과 같은 체계철학자가 이곳에 칸트 연구의 전통을 만들었고, 제2차 세계대전 이후에는 에빙하우스, 라이히, 저와 제 동료가 이곳을 칸트 연구 중심지들 중의 하나로 만들었던 것은 사실입니다. 하지만 그렇다고 해서 제가 신칸트

학파의 학문적 전통을 계승했다고는 생각하지 않습니다.

이충진: 아쉽군요. 한국에서는 마르부르크가 신칸트학파의 고향으로 알려져 있는 데다가, 혹시 교수님께서 한국에 오시기라도 하면 저는 교수님을 마르부르크학파의 적자嫡子로 소개하고 싶었습니다만…….

브란트: 제 동료 한 사람이 일본을 방문했는데, 그곳에서도 모두 마르부르크학파에 대해서만 관심을 갖는다고 하더군요. 하지만 저는 분명 체계철학자가 아닙니다.

이충진: 최근의 활동에 대해서 말씀해주시겠습니까?

브란트: 예전처럼 칸트철학에 관한 글을 많이 쓰고 있습니다. 요즘 집필 중인 책에는 '동물도 생각할 수 있는가?'라는 제목을 붙였습니다. 게놈 시대의 인

간 본성에 관한 연구서이지요. 베를린아카데미, 칸트학회 등에서 일하고 있고, 미학에 관한 논문도 구상하고 있습니다. 모든 연구의 중심에는 물론 칸트가 있습니다.

이충진: 여전히 바쁘시군요. 올해 겨울 한국칸트학회는 칸트 법철학을 주제로 세미나를 개최합니다. 혹시 학회에서 초청을 한다면 직접 방문해주실 수 있으시겠습니까?

브란트: 물론입니다. 일정이 허락하면 기꺼이 방문하겠습니다.

이충진: 이상입니다. 오랜 시간 인터뷰에 응해주셔서 감사합니다.

브란트: 고맙습니다. 이 박사님도 좋은 시간 갖게 되기를 바랍니다.

2. 칸트 정치철학의 현주소

- 게르하르트 교수와의 대담 -

대담 날짜: 2007년 1월 26일

대담 장소: 독일 베를린Berlin 게르하르트 교수 연구실

게르하르트Volker Gerhardt 교수는 1944년 생으로 베를린 훔볼트대학교 철학부 교수를 지냈으며, 베를린-브란덴부르크학술원 회원으로 있다. 주요 연구 분야는 정치철학, 칸트철학, 니체철학, 응용윤리학 등이다.

1995년에 발표한 『칸트의 영구평화론: 하나의 정치 이론Immanuel Kants Entwurf "Zum ewigen Frieden": eine Theorie der Politik』은 당시 칸트 연구가들의 시선을 칸트 법철학에서 칸트 정치철학으로 확장시키는 데 결정적인 역할을 했다. 박사 학위논문인 『이성과 이해관심Vernunft und Interesse』(1976) 및 최근의 저서인 『참여—정치의 원리Partizipation—Das Prinzip der Politik』(2007)에서 볼 수 있듯이 그의 학문적 관심은 시종일관 정치와 사회 현실을 향해 있다. 현실 참여 활동에도 적극적이어서 베를린 시, 독일 정부, 유럽연합 등의 윤리위원회 및 학예위원회 위원으로 활동하고 있다.

홈페이지 주소는 다음과 같다. http://www.philosophie.hu-berlin.de/institut/lehrstuehle/politik/mitarbeiter/gerhardt

이충진: 안녕하십니까? 칸트 정치철학의 전문가이신 교수님을 직접 뵙고 말씀을 나눌 수 있게 되어 정말 반갑습니다. 오늘 인터뷰의 주제는 칸트 정치철학입니다. 그것의 특성, 적시성 등이 오늘 논의될 사안입니다. 먼저 인터뷰에 응해주신 게르하르트 교수님께 감사드립니다.

게르하르트: 반갑습니다. 이렇게 멀리까지 와주신 것에 대해 진심으로 감사드립니다.

이충진: 저는 2년 전 브란트 교수님과 인터뷰를 한 적이 있습니다. 당시 주제는 칸트 법철학이었습니다. 그

때의 인터뷰 내용과 중복되지 않도록 하기 위해 한 가지 제안을 하고자 합니다. 오늘 인터뷰에서는 정치철학의 개념을 가능한 한 좁고 엄밀한 의미로 사용할 것을 제안합니다. 동의하시는지요?

게르하르트: 좋습니다. 그렇게 하겠습니다.

이충진: 고맙습니다. 그러면 조금은 도발적인 질문으로 인터뷰를 시작해보겠습니다. 첫 번째 질문은 이렇습니다. 법철학 및 도덕철학과 구분되는 것으로서의 정치철학이란 것이 과연 존재합니까? 정치철학의 고유한 대상 영역, 방법, 주제 등이 서구 학문사에 존재합니까?

게르하르트: 물론입니다. 오늘날 몇몇 사람이 소위 정치철학의 죽음을 언급하고 있는 것은 사실입니다만, 그것은 잘못된 생각입니다. 유럽 전통에서 보자면 철학은 어느 시대에도 정치 문제를 도외시한 적이 없습니다.

이충진: 좀 더 자세히 말씀해주시겠습니까?

게르하르트: 플라톤을 예로 들어볼까요. 플라톤은 『국가』, 『정치가』, 『법률』 등에서 정의 및 훌륭함 Tugend에 관해서만이 아니라 국가와 정치에 대해서도 논의하고 있습니다. '우리는 어떻게 정치 공동체를 창출할 수 있는가? 어떤 국가 제도가 가장 훌륭한 것인가? 국가는 어떻게 통치되어야 하며 시민은 어떤 덕목을 가지고 있어야 하는가?' 등의 물음은 분명 정치적·정치철학적 물음입니다. 아리스토텔레스 역시 다를 바 없습니다. 실천적 문제 영역과 실용적 문제 영역을 엄격하게 구분하고 윤리학과 정치학을 전혀 다른 맥락에서 논의하고 있는 점에서 볼 수 있듯이 아리스토텔레스 역시 공동체 문제, 즉 정치의 문제를 외면하지 않았습니다. 이와 같은 이론적 전통은 칸트에게도 전승되었으며 칸트를 넘어 피히테, 헤겔 그리고 19세기의 위대한 자유주의 정치철학자들에게까지 이어졌습니다. 물론 그 사이에 홉스와 로크 같은 근대

정치철학자들이 있었지요.

이충진: 하지만 다른 의견이 있는 것도 사실입니다. 가령 1960년대 말 실천철학의 복권을 천명했던 리델M. Riedel은 저서의 제목으로 정치철학이 아닌 법철학이란 표현을 선택했습니다. 또한 하버마스에 따르면 19세기 중반 이후 독일 철학자들은 정치 문제에 크게 관심을 갖지 않았습니다. 심지어 민주주의 이론이 법이론 안에 도입되기 시작한 것도 제2차 세계대전 이후였습니다.

게르하르트: 하버마스는 자기모순적인 말을 하고 있군요. 하버마스 자신도 정치에 관하여 매우 많은 이야기를 하고 있지 않습니까. 물론 '철학자들은 정치 문제에 대해서 좀 더 많은 관심을 갖고 좀 더 많은 연구 노력을 기울여야 한다.'라는 주장이라면 그 점에는 저 역시 전적으로 동감합니다.

대략 1970년대까지 철학자들에게서 정치적 문제에 대한 고민을 발견하기가 상대적으로 어려웠던 것이 사실입니다만 지금은 상황이 많이 달라졌습니다. 오늘날 철학자들은 법과 정의의 문제만이 아니라 그것의 현실 적용에도 많은 관심을 가지고 있습니다. 법 원리의 정당화 문제를 넘어서 어떻게 법 원리를 헌법이나 실정법 체계 안에 구현할 것인가의 문제 역시 고민하고 있습니다. 이런 영역에서 정치철학자들은 매우 중요한 역할을 수행하고 있습니다.

다만 독일에서는 일종의 특수한 현상이 존재했던 것이 사실입니다. 최근 들어 가장 많이 논의되고 있는 칸트 법철학이 좋은 사례일 것 같군요. 독일 학자들은 칸트 법철학을 법에 관한 이론 내지는 정의에 관한 이론으로만 해석해왔으며 결과적으로 그것으로부터 정치철학적 논의를 이끌어낼 여지를 제대로 확보하지 못했습니다. 너무 협소하게 이해했던 것이지요. 이 점은 다른 고전 철학자에 대한 연구에서도 발견되는 현상입니다. 오랜 세월 지속되었던 독일 철학계의 흐름이라고 말할 수 있습니다.

이충진: 벌써 칸트철학에 도착했군요. 교수님께서 칸트 법철학만이 아니라 칸트 정치철학에도 주목하시게 된 특별한 이유라도 있습니까?

게르하르트: 법이 정치의 핵심이라는 것은 분명합니다. 법을 본질적 부분으로 갖지 않는 정치란 생각할 수 없습니다. 역사적 현실로서의 법이든 정당성 차원에서의 법이든 말입니다. 그럼에도 불구하고 우리는 법과 정치를 구분해야 하며 법철학과 정치철학을 구분해야 합니다. 법과 정치는 상이한 타당성 영역을 가지고 있기 때문이지요. 이 둘 사이의 차이는 오랫동안 주목되지 않아왔습니다. 저는 이러한 차이를 드러내고 강조하기 위해 많은 노력을 기울였습니다.

저의 연구를 위한 가장 좋은 모범이 바로 칸트철학이었습니다. '법과 정치는 그것의 핵심에서 보면 서로 전혀 다른 것이다.'라고 칸트는 생각했습니다. 가령 『영구평화론』에서 논의되고 있는 전지구적 평화 창출을 위한 조건들은 단순히 규범적·법철학적 문제가 아니라 실재적·정치적 문제들입니다. 『영구평화론』에서의 칸트는 『법이론』의 법철학적 성과를 넘어서는 새로운 이론적 성과에 도달한 것이지요. 칸트 실천철학에 대한 협소한 이해를 극복하고 칸트를 플라톤, 아리스토텔레스, 키케로 등으로 이어지는 철학적 전통 안에 자리매김하는 것이 저의 의도였습니다.

이충진: 칸트가 법과 정치를 그렇게 확연하게 구분했습니까?

게르하르트: 그렇습니다. 칸트는 법과 정치를 동일시하지 않았으며 정치 내지는 정치적인 것의 독자성을 명확하게 이해하고 있었습니다. 예를 들어 법치국가 및 국제 평화의 창출·유지는, 칸트에 따르면, 우리에게 부과되어 있는 법적 의무입니다. 그런데 칸트는 이러한 법적 의무의 필연성을 제시하는 것에 그치지 않고 '어떻게 평화를 확보할 것인가? 어떻게 법치국가를 창출하고 유지할 것인

가?' 등의 문제에 대해서도 고민했습니다. 이와 같은 '어떻게'의 문제는 법적·규범적 차원에서 제기되는 것이 아니라 현실 연관적 시각 아래에서만 제기될 수 있는 것입니다. '국제적 법질서의 유지와 개별 국가의 민주적 정치 질서는 상호 의존적이다.'라는 칸트의 생각은 이미 규범적 차원을 넘어서는 통찰입니다. 그것의 시작은 의심의 여지없이 정치적 문제의식에 기반을 두고 있습니다. 칸트는 법과 정치의 차이를 분명하게 의식하고 있었습니다. 법철학과 원리적으로 구분되는 실천철학, 그런 의미에서 하나의 독립된 분과로서의 정치철학이 칸트에 의해 구상되고 발전되었던 것입니다.

이충진: 이제 칸트 정치철학에 대해 본격적으로 이야기해 볼까요? 칸트 정치철학의 고유성은 무엇이라고 할 수 있을까요? 교수님께서는 칸트 정치철학의 특징을 나타내는 키워드로 '자기실현적 법이론으로서의 정치Politik als die ausuebende Rechtslehre'를 제

시한 바 있습니다. 이에 대해 구체적으로 말씀해 주시겠습니까?

게르하르트: '자기실현적 법이론으로서의 정치'라는 표현은 무엇보다도 '법 없는 정치란 가능하지 않다.'라는 사실을 강조하기 위한 표현입니다. 이 점에 관한 한 어떤 사상가도 이론을 제기할 수 없을 것입니다만 칸트에게서는 특히 중요한 의미를 가집니다. 칸트 식으로 표현하자면 법은 정치를 가능하게 만드는 선행조건입니다. 법이 없는 정치란 정치라고 부를 수도 없는 그런 것입니다. 물론 지금 말하고 있는 법 내지는 법이론이란 보편타당한 이성법을 의미합니다. 가령 실정법의 제정 역시 정치 활동이되 그것은 오직 이성법의 구현 내지는 실현으로서만 정당성을 가질 수 있습니다. 칸트에게서는 이론의 여지가 없는 분명한 사실이지요. 이 점을 칸트는 여러 곳에서 여러 가지 방식으로 강조하고 있습니다.

그뿐만 아니라 '자기실현적 법이론으로서의 정

치'라는 표현은 또 다른 적극적인 기능을 가지고 있습니다. 도덕적 정치가와 정치적 도덕가에 관한 논의에서 확인할 수 있듯이 칸트는 정치 활동에 자신만의 고유한 활동 공간을 부여하고 있습니다. 도덕이나 법으로 환원되지 않는 고유한 무엇이 정치 안에 존재한다는 것이지요. 그곳에서의 칸트의 입장은 대략 이렇습니다. 정치가는 법과 법이론에 정통한 것만으로는 충분하지 않습니다. 그는 현실에 주목해야 하며 법 실현을 위한 판단력 내지는 현명함을 갖추고 있어야 합니다. 정치가는 개개인의 욕구들을 이해할 줄도 알아야 하며, 칸트 식으로 표현하자면, 사람들의 '건전한 오성'을 이해하는 능력도 가지고 있어야 합니다. 또한 정치가는 구체적 현실 연관을 간파할 수 있어야 합니다. 그래야만 무엇이 실현 가능하고 무엇이 그렇지 않은지를 판단할 수 있을 테니까요.

'자기실현적 법이론으로서의 정치'라는 표현은 그와 같은 내용들을 통합적으로 제시하기에 가장 적합한 것이라고 생각되었습니다.

이충진: 공개성公開性Oeffentlichkeit 역시 칸트 정치철학의 특징을 나타내는 중요한 키워드로 보입니다. 공개성 개념은 칸트 정치철학의 또 다른 특징을 드러내고 있습니까? 이 개념을 중심으로 칸트 정치철학의 개략적인 모습을 설명해주시겠습니까?

게르하르트: 아닙니다. 그런 설명을 위해서는 반나절 이상의 시간이 필요할 것입니다. 저의 책이나 논문을 참조하시라고밖에는 달리 드릴 말씀이 없습니다.

공개성 내지는 공개 가능성 개념은 고대 로마 시대에도 사용되었습니다. 레스 푸블리카res publica 개념이 그것이지요. '모든 정치적인 것은 공개가 가능한 것이어야 한다.' 이것은 로마인들에게는 상식에 속했습니다. 칸트는 이 전통을 이어받았습니다. 칸트는 공개 가능성을 이른바 정치의 선험적 원리라고 표현했습니다. 그는 '공개적으로 근거 지어질 수 없는 것은 그 어떤 것도 정치의 영역에 들어올 수 없다.'라고 천명하고 있는 것이지요. 공동체 전체와 관련된 사항이 논의되고 결정될 때에는 구성원 모두가 그것에 접근할 수 있고 그것에 참여할 수 있어야 합니다. 접근 가능성은 모든 정치 행위의 전제 조건이며 이를 충족시키지 못하는 정치 행위란 생각할 수 없습니다. 대략 이런 것이 칸트의 공개성 개념의 요지입니다. 레스 푸블리카와 표현만 다를 뿐이지요.

미적 판단력에 관한 칸트의 논의에 주목해보는 것도 좋을 것 같군요. 가령 어떤 대상에 대해 내가 '그것은 참 아름답다.'라고 판단한 경우 나의 판단은 원칙적으로 주관적 타당성만을 가집니다. 즉 그것은 나의 판단이며 나의 느낌일 뿐이지요. 그러나 우리는 종종 이러한 나의 주관적 판단을 모든 사람 앞에 공개하곤 합니다. 그렇게 함으로써 나의 미적 판단에 다른 사람들 역시 동의할 수 있는지 여부를 확인하는 것이지요. 나의 주관적 판단이 공개적으로 천명될 수 있는가의 여부는 곧 나의 판단이 공개적으로 인정될 수 있는가의 여부를 확인하는 척도입니다. 객관적 타당성 내지는 상호주관적 타당성의 획득 여부를 말입니다. 정치적 활동과 본질적인 면에서 다를 바가 없지요.

이런 맥락에서 저는 공개성 내지는 공개 가능성을 인류 공동체의 구성 원리로 이해하고 있습니다.

이충진: 이 두 개념 외에 또 다른 중요한 키워드가 있습니까? 칸트 정치철학을 이해하기 위한 키워드로 또 어떤 것을 추천하시겠습니까?

게르하르트: 참여Partizipation입니다. 이것은 아리스토텔레스에게서 유래한 개념입니다. 비록 칸트가 많은 강조를 하지는 않았지만 칸트의 논의에서도 관련된 생각을 찾아볼 수 있습니다. 정치란 국가 시민의 참여를 전제로 해서만 성립합니다. 시민의 참여가 없는 정치란 생각할 수 없는 일입니다. 그런 의미에서 참여는 핵심적인 정치 원리입니다. 칸트가 명시적으로 제시했던 세 개의 정치 원리, 즉 자유, 평등, 자립에 못지않게 중요한 원리입니다.

칸트 역시 이 점을 알고 있었습니다. 정치 영역

에서 철학의 역할에 관한 그의 논의는 이를 위한 간접적이지만 명시적인 전거라 할 수 있습니다. 잘 아시다시피 칸트는 플라톤과 달리 철학자가 훌륭한 군주, 즉 훌륭한 정치가가 될 것이라는 점에 동의하지 않습니다. 철학자가 해야 할 일은 따로 있는 것이지요. 칸트에 따르면 국가 구성원으로서의 철학자의 역할은 공적·정치적 사안에 대한 공개적인 비판입니다. 철학자는 정치적 사안에 대하여 비판적 의견을 공개적으로 표출해야 하고 그런 활동을 통해 모든 국가 시민이 공적인 일, 즉 정치적 사안에 참여할 수 있는 가능성을 확보해야 합니다.

며칠 전에 출간된 제 책의 이름도 바로 '참여'입니다. 이 문제를 집중적으로 다룬 것입니다.

이충진: 칸트 정치철학은 다른 근대 정치철학과 비교해서 어떤 특징을 가지는지요? 최소한 마키아벨리 식의 정치 공학, 도덕에 의한 정치 길들이기 등 근대 초의 정치 이해는 뛰어넘은 듯이 보입니다만…….

루트비히B. Ludwig의 표현을 빌려 말하자면, 칸트 정치철학에서 진정으로 칸트적인 것은 어떤 것입니까?

게르하르트: 이미 언급한 것들, 즉 법과 정치의 관계 설정, 정치적인 것의 고유성 발견, 공개성 개념에 대한 새로운 이해, 정치 원리로서의 참여, 철학의 비판적 역할 등이 그에 해당되겠지요. 이런 것들은 엄밀한 의미에서 진정으로 칸트적인 것이라고 말할 수 있는 것들입니다. 굳이 다른 것을 덧붙이고자 한다면 아마도 1780년대 소논문들에 등장하는 자연 개념을 들 수 있겠지요. 정치를 자연에 토대하여 이해하는 칸트의 입장 말입니다.

이충진: 자연은 『영구평화론』에도 등장하는 개념이지요. 사실 『영구평화론』의 '제1 추가 조항'은 독자에게 하나의 추측을 불러일으키고 있습니다. 1790년대의 칸트 정치철학이 1780년대의 칸트 역사철학과 어떤 연관을 가지고 있을 것이라는 추측을 말입니

다. 이에 대해 좀 더 자세히 말씀해주시겠습니까?

게르하르트: 칸트에 따르면 모든 인간의 역사는 결국 자연의 역사입니다. 인간의 역사는 자연의 역사를 전제하는 것이지요. 인간은 일종의 자기모순적인 본성을 가지고 있습니다. 자유로운 존재자이면서 동시에 자신을 지배해줄 주인을 필요로 하는 존재자이지요. 이것은 인간의 자연적 본성입니다. 또한 국가는 인간의 이기심에 토대하여 창출·유지되는데, 이기심 역시 자연이 인간에게 부여한 본성입니다. 그런 의미에서 자연 상태의 이탈 및 국가의 창출·유지라는 정치적 정언명령은 인간의 자연 본성 자체에 기인한 것입니다. 이 점에서 칸트는 홉스와 다를 바 없습니다.

진정으로 칸트적인 것이 있다면 이런 것이겠지요. 인간이 스스로의 힘으로 획득해야만 하는 것들, 가령 정치적 자율성의 확대 같은 것이 칸트에게서는 자연의 역사의 진행과 충돌하지 않습니다. 인간의 역사를 자연 상태로부터 문명 상태로의 이행으로 이해할 경우 그러한 이행은 자연의 역사의 이면裏面 그 이상도 그 이하도 아닙니다. '자연은 인간의 역사의 발전을 위해 처음에는 기술을, 다음에는 학문을, 마지막에는 도덕을 역사 발전의 매개체 내지는 수단으로 사용하고 있다.' 라고 칸트는 말하고 있는 것이지요. 칸트에게 있어서 인간의 역사는 자연의 역사를 중단시키거나 그것의 진행을 저해하지 않습니다. 루소에게서도 맑스에게서도 찾을 수 없는 역사 이해입니다.

이충진: 정치철학을 이야기하면서 역사 문제를 언급하는 것은 저에게는 매우 부담스럽게 느껴지는군요. 역사철학의 종말은 이미 오래전에 선포되지 않았던가요? 포퍼K. Popper 이후에도 역사에 대한 철학적 연구를 시도하는 것이 과연 가능하겠습니까?

게르하르트: 종말에 대해서는 별로 할 말이 없습니다. 관심도 없고요. 저 자신도 역사에 관하여 많은 연구를 하고 있는 것은 아닙니다. 하지만 역사는 언제나 매

우 중요한 것입니다.

포퍼는 역사주의를 비판한 것이지 역사의 철학적 연구 자체를 부인한 것이 아닙니다. 우리는 역사를 연구해야 합니다. 가령 유럽의 역사, 한국의 역사, 미국의 독립 과정과 오늘날의 지구화 현상 등에 대해 연구해야 합니다. 당연한 것이지요. 물론 역사에 대한 철학적 연구는 자신만의 고유한 모습을 가져야 할 것입니다. 칸트의 표현을 빌리자면 철학자는 역사를 심층적으로 사유해야nach-denken 합니다. 아마도 역사의 비판적 연구라고 부를 수 있겠지요.

누구도 부인할 수 없듯이 우리는 역사라고 하는 하나의 이념 내지는 표상을 가지고 있습니다. 이와 같은 역사의 이념은 인간의 의지와 인간의 행위에 의존하지 않습니다. 오히려 그 반대이지요. 인간의 행위는 미래를 향해 있되 현재의 행위의 성공 여부는 그것이 속해 있는 역사적 상황에 의존하고 있습니다. 역사는 인간 행위의 성공을 결정짓는 일종의 선행조건인 셈입니다. 칸트가 제시한 이와 같은 역사의 이념은 매우 현대적인 것입니다.

역사는 인간의 삶을 이해하기 위해 없어서는 안 되는 부분입니다. 다시 칸트의 예를 들어볼까요. 젊은 시절의 칸트는 전쟁에 대해 긍정정인 입장을 가졌습니다. 전쟁은 인간 역사의 발전을 위해 순기능을 한다는 것이지요. 이러한 생각의 흔적은 『판단력비판』에도 남아 있습니다. 하지만 1789년 프랑스혁명 이후 칸트는 자신의 생각을 완전히 바꾸었습니다. 군인들의 야만적이고 잔혹한 행동에 큰 충격을 받았던 것입니다. 군사적 행동을 통한 역사 발전이라는 생각은 더 이상 유지될 수 없었고 평화의 창출이 모든 정치적 행위의 최상의 목표로 받아들여졌습니다. 이와 같은 칸트의 입장 변화 역시 역사적 사건과의 만남에 기인한다고 할 수 있겠지요. 이렇듯 역사는 개인의 의식과 삶에 강력한 영향을 미칩니다.

이충진: 저는 여전히 확신이 서지 않는군요. 역사가 정치

철학 내지는 철학적 연구의 대상이 될 수 있을지에 대해 아직 충분히 생각해보지 못했습니다.

이제 다른 주제로 넘어가보도록 하지요. 좀 더 구체적이고 간단한 질문을 드려보도록 하겠습니다. 정치가는 언제나 도덕적이어야 합니까?

게르하르트: 물론입니다. 의심의 여지없이 그렇습니다. 정치가는 모든 순간에 도덕적이어야만 합니다. 그것은 저의 확신이며 또한 칸트의 확신이기도 합니다.

정치 활동이란 특정한 상황에서 미래의 사안을 결정하는 활동입니다. 그런데 정치 행위는 일종의 배타적 행위이기 때문에, 만일 나의 결정이 실현된다면 나의 반대자는 아무런 기회도 갖지 못하게 됩니다. 미래의 특정 사안에 관한 권리가 나에게 독점적으로 부여되는 것이지요. 정치가는 이와 같은 권리에 상응하는 책임을 져야 합니다. 정치가는 자신의 정치 행위에 대해서 응분의 책임을 져야 하며 같은 의미에서 자신의 정치 원칙들에 대해서도 책임을 져야 합니다.

물론 우리는 자신들이 내세운 원칙조차 번번이 위반하는 정치가들의 성향에 대해 잘 알고 있습니다. 우리는 바로 그런 성향의 정치가에게 도덕적 책임을 물어야 합니다. 우리는 정치가들이 도덕적 규범을 어기지 못하도록 감시하고 강제해야 합니다. 그것은 모든 시민의 권리이자 의무이기도 합니다. 특정 정치인에 대한 호감이 그의 비도덕적 행위에 대한 공개적 비판의 의무를 면제해 주지는 않습니다. 하물며 그에 대한 애정이 그를 위해 '공개적으로 거짓말을 할 수 있는 권리'를 부여하는 것은 결코 아닙니다. 그런 것들은 공적 정의를 심각하게 침해하는 행위이기 때문입니다.

이 점에서도 철학자의 역할은 매우 중요합니다. 정치가의 비도덕적 행동에 대한 공개적 비판, 그것은 철학자의 중요한 역할입니다.

이충진: 조금 다른 맥락이기는 합니다만…… 소위 당위의 무력함은 도덕 영역만이 아니라 정치 영역에도 등장하지 않겠습니까? 정치가는 철학자의 도

덕적·정치적 비판을 간단하게 무시해버릴 수 있기 때문이지요. 만일 정치가가 철학자에게, 칸트 자신이 표현하고 있듯이, '원하는 만큼 떠들어라. 하지만 나에게 복종하라!'라고 말해버린다면, 과연 철학자의 비판 활동이라는 것이 무슨 의미가 있겠습니까?

게르하르트: 아닙니다. 그렇지 않습니다. 도덕적 비판의 문제는 논외로 하더라도 정치는 분명 철학을 필요로 합니다.

최소한 민주주의 체제에서라면 정치가는 공동체와 정치에 관한 이론을 갖고 있어야 합니다. 정치는 언제나 공적 정당성을 획득해야 하는 활동이며 정치가는 공적으로 정당화될 수 있는 정치 프로그램을 제시해야 합니다. 정치가는 국민에게 무엇인가를 약속해야 하고 왜 바로 그것이어야만 하는지를 정당화시켜야 하며 그런 활동을 통해서 국민들의 동의를 획득해야 합니다. 이와 같은 정책 개발과 정책 제시 및 그것의 정당화를 위해 정치가는 이론가를 필요로 합니다.

정치적 싸움은 동시에 이론적 싸움입니다. '내각제와 대통령중심제 중에서 어느 것이 민주주의의 구현을 위해 더 적합한 체제인가? 대의제 체제와 직접민주주의 체제 중 어느 쪽에 더 강조점을 두어야 하는가?' 이런 것들은 수백 년 동안 진행되어온 이론적 싸움의 주제들입니다만, 정치가 역시 권력을 쟁취하기 위해서는 이들 중 어느 한 쪽을 선택해야 하고 또한 그것이 다른 것보다 우월함을 제시해야만 합니다. 구체적인 예를 들어 볼까요. 최근 바이에른 주에서 권력 쟁취를 위한 싸움이 진행 중에 있습니다. 연방의회 차원에서 대연정이 이루어질 경우 그것에 참여하는 사람과 기사당(CSU) 당대표 사이의 역할 분담을 규정해야 할 필요성이 대두되었습니다. 몇몇 사람은 이 사안에 대해 당대표나 당위원회가 단독으로 결정할 수 있는 권한을 갖고 있다고 생각한 반면 다른 사람들은 당원 전체가 참여하는 총회가 이 사안을 결정해야 한다고 주장했습니다. 두 진영의 정치적 입장이 충돌하고 있는 것이지만 사실상 그것은 민주주의 및 민주적 정치체제에 대한 상이한 의견 사이의 충돌일 뿐입니다. 또한 현재 진행되고 있는 유럽 헌법에 관한 논의도 좋은 예가 되겠군요. '과연 유럽은 하나의 통일된 헌법을 필요로 하는가? 만일 필요하다면 그것의 내용은 어떠해야 하는가? 헌법의 집행을 위해 필요한 정치적 권한과 군사력은 어느 정도까지 허용될 수 있는가?' 이 모두는 정치적 현안이면서 동시에 이론적 현안이기도 합니다.

이충진: 정치적 결정의 올바름은 누가 어떻게 판단할 수 있습니까? 정치적 판단의 합리성을 결정할 수 있는 객관적 기준이 존재합니까?

게르하르트: 정치적 판단의 올바름은 정치가 자신이 제시해야 하지요. 물론 최종적으로는 역사만이 제시할 수 있겠지만 말입니다. 모든 사람이 찬성했던 정치적 결정이 시간이 지난 후 정반대의 평가를 받는

것은 흔히 있는 일입니다. 그 반대의 경우도 마찬가지구요. 지난 이야기를 해볼까요? 지난번 선거에서 당시 총리는 노동시장 개혁을 핵심 공약으로 제시했습니다. 많은 사람이 그 공약에 반대했고 심지어 그것은 당원들로부터도 지지를 받지 못했습니다. 결국 그는 선거에서 패했고 권력을 잃었습니다. 하지만 2년이 지난 지금은 모든 사람이 그가 옳았다고 이야기하고 있습니다. 정치적 판단의 올바름 여부는 정치가 자신에 의해 제시되고 또 증명되어야 하지만 최종적인 확인을 위해서는 시간이 필요한 것입니다.

이충진: 다음 주제는 칸트 정치철학의 적시성입니다. 오늘날 우리는 세계화 시대에 살고 있습니다. 세계화의 첨병은 신자유주의이며 신자유주의는 모든 국가에 미국식 경제체제를 강요하고 있습니다. 시장 만능주의, 경쟁과 효율, 개인의 고립화, 국가 역할의 축소 등은 대부분의 나라에서는 선택의 여지가 없는 것들입니다. 정치철학자로서의 칸트

는 신자유주의를 어떻게 평가할까요? 현재와 같은 정치 상황에서 우리가 200년 전의 칸트 정치철학에 눈을 돌리는 것은 과연 유의미하겠습니까?

게르하르트: 그것은 매우 어려운 문제입니다. 비록 관련 저술은 많지 않지만 저 역시 그 주제를 가지고 많은 강연을 했습니다. 무슨 말부터 해야 할지 모르겠군요.

우선 칸트가 애덤 스미스의 국민경제 이론을 잘 알고 있었다는 점은 분명합니다. 그는 자신의 제자인 크라우스Ch. J. Kraus와 함께 스미스의 책을 읽었습니다. 크라우스는 국민경제론을 독일에 처음으로 소개한 인물이지요. 칸트는 경제활동의 중요성을 충분히 인식하고 있었습니다. 『법이론』과 『영구평화론』 및 다른 소논문들에서 그에 관한 전거들을 쉽게 찾아볼 수 있습니다. 한두 가지만 말해볼까요. 칸트는 국가가 개인의 경제활동에 관여하는 것을 매우 경계했습니다. 국가는 경제활동과 관련해서 개인에게 상당한 정도의 자율성을 보장해주어야 한다고 생각했습니다. 군주와 국민의 관계를 아버지와 아들의 관계로 이해하는 당시의 일반적 견해에 반대해서 말입니다. 또한 칸트는 경제활동이 전 지구적 평화의 창출·유지를 위해 매우 중요한 역할을 할 것이라고 생각했습니다. 국가들 사이의 교역이 활발해지면 그에 비례해서 상호 의존성이 증가하고, 시간이 흐르면 결국 어느 국가도 이러한 상호 의존적 관계를 파기하는 행위, 즉 전쟁을 일으킬 수 없게 될 것이라고 생각했습니다.

이충진: 『영구평화론』의 칸트를 말씀하시는군요. 하지만 경제적 교류의 증대가 전쟁을 방지하고 평화를 확보하는 데 도움이 된다고 하는 주장은 많은 반론에 부닥칠 것으로 보입니다만…….

게르하르트: 우리는 기술의 발전 덕택에 전 지구적 의사소통의 가능성을 확보하고 있습니다. 국제무대에서 일어나는 특정한 사안에 대하여 지구촌의 모든

사람이 자신의 목소리를 낼 수 있는 가능성, 즉 그것의 정당성을 요구할 수 있는 가능성이 확보되어 있는 것이지요. 지구촌 구성원들 사이의 의사소통이 증가하는 만큼 국가들 사이의 상호 의존성 역시 증가하게 된 것입니다.

국가들의 상호 관계 중에 가장 강력한 관계는 물론 경제적 관계입니다. 경제가 전쟁의 주요 원인이라는 것은 누구나 다 아는 사실입니다. 지난 세기에는 물론이고 21세기에 와서도 우리는 적지 않은 전쟁을 목도하고 있습니다. 현재는 주로 원유를 확보하기 위한 전쟁이지만 멀지 않아 물이나 식량 같은 생필품을 확보하기 위한 전쟁이 일어나게 될 것입니다. 하지만 우리가 쉽게 생각할 수 있듯이 특정 국가의 자원에 자신의 생존과 번영을 의존하는 국가들이 많으면 많을수록 어느 한 국가가 자원 보유국을 군사적으로 점령하는 것은 더욱 어려울 수밖에 없습니다. 걸프 전쟁에 대한 중국의 비난이 좋은 예이지요. 국제사회에서는 경제적 상호 관계가 정치적 상호 관계를 특정 방향으로 제약하기 마련인데, 국가들 사이의 강력한 경제적 상호 의존성은 폭력적 방식의 문제 해결을 점차 배제하게 될 것입니다.

어떤 형태로든 국가들 사이의 상호 관계가 증대할수록 전쟁과 같은 파국의 가능성은 그만큼 감소할 것입니다. 비록 현재로서는 요원해 보이지만, 칸트가 이야기하는 영원한 평화가 언젠가는 찾아올지도 모르지요.

이충진: 미국식 경제체제로의 개편은 어떤가요? 한국은 신자유주의의 압력에 상대적으로 더 취약한 상태입니다만, 이 점과 관련해서 칸트는 우리에게 어떤 메시지를 줄 수 있겠습니까?

게르하르트: 칸트의 자립성 내지는 독자성Selbstaendlichkeit 원리에 주목하는 것이 좋을 것 같군요. 모든 공동체는 자신만의 고유한 전통과 역사와 문화를 가지고 있습니다. 독일은 독일대로, 한국은 한국대로 자신만의 독자적 생활 방식과 가치관을 가지고 있

는 것이지요. 그것을 지켜내는 것은 지구화 시대에도 여전히 매우 중요한 일입니다. 개별 국가의 문화적 독자성을 소멸시키는 것, 결과적으로 인류 공동체의 문화적 다양성을 감소시키는 것은 칸트의 입장에 상충됩니다. 그것을 경제적 풍요라는 이름 아래 희생시키는 것 역시 마찬가지입니다. 독일에 살고 있는 제가 미국 상품을 살 수밖에 없는 상황이 도래하는 것을 저는 결코 원하지 않습니다. 이 교수님께서도 같은 생각이실 것입니다. 칸트가 이야기하는 독자성은 개인 차원에서도, 국가 차원에서도 매우 중요한 정치적 원리입니다. 신자유주의는 각 국가의 독자성을 말살시킵니다. 결과적으로 신자유주의는 진정한 의미의 국제적 정치 공동체가 등장할 가능성을 감소시킬 것입니다.

물론 저는 칸트가 우리의 모든 문제를 해결해줄 수 있다고 말하고 있는 것은 아닙니다. 하지만 칸트는 우리에게 많은 시사점을 제공하고 있으며 많은 면에서 합리적인 해결책을 제시하고 있는 것이 사실입니다. 그는 오늘날에도 여전히 신뢰할 수 있는 철학자이며 신뢰할만한 정치철학자입니다.

이충진: 칸트는 현대인에게 또 현대 철학자에게 좋은 스승인 셈이군요. 세계화 시대의 정치철학자에게도 그렇구요.

게르하르트: 그렇습니다.

이충진: 벌써 예정된 시간이 다 지나갔군요. 끝으로 한 가지 부탁만 더 드리겠습니다. 현대 철학에서 차지하는 칸트 정치철학의 위상에 대해 간략히 말씀해주시기 바랍니다.

게르하르트: 현대 철학에 대한 칸트의 영향력은 믿을 수 없을 정도로 크다고 할 수 있습니다. 어느 철학자도 칸트를 논의하지 않고는 자신의 철학을 전개할 수 없습니다. 정치철학과 관련된 논의들에서 칸트가 주목되지 않는다는 것을 오늘날 우리는 생각조차

할 수 없습니다. 일반적으로 칸트는 자유주의 정치철학politik-philosophischer Liberalism의 가장 중요한 대표자로 받아들여지고 있습니다. 자유주의 정치철학의 선구자로 우리는 홉스, 로크, 몽테스키외 등을 이야기하곤 합니다. 이들이 자유주의 정치철학의 배경이라고 한다면 칸트는 그것의 중앙 무대라고 할 수 있습니다. 도덕과 법의 관계 설정, 법의 독자성, 외적 행위 영역을 규제하는 정언명령으로서의 강제법 등은 모두가 칸트철학의 성과입니다. 물론 그로티우스H. Grotius 등 이전 법학자들의 이론적 전통을 계승한 것입니다만 칸트는 그것을 전혀 다른 차원으로 발전시켰습니다. 국내정치와 국제정치의 구분 및 그것들의 상호 연관성에 주목한 부분 역시 칸트 이전에는 찾아볼 수 없었던 새로운 통찰입니다. 오늘날의 용어로 말하자면 칸트는 정치를 전 지구적 차원에서 이해했고 결과적으로 전 지구적 정치의 가능성을 열어놓았던 것입니다. 전례 없는 일이었습니다.

이충진: 우리는 칸트를 하버마스와 롤즈의 선구자라고 평가할 수 있겠습니까?

게르하르트: 물론입니다. 그들 자신이 언급하고 있듯이 칸트 철학은 롤즈의 이론이나 하버마스 이론의 중요한 원천입니다. 아마도 칸트를 만나지 못했더라면 롤즈는 자신의 정의 이론을 전개하지 못했을 것입니다. 하버마스 역시 다를 바 없습니다. 젊은 시절의 하버마스는 헤겔과 맑스의 영향 아래에 있었습니다만, 시간이 지날수록 그는 자유주의 전통으로 접근해갔습니다. 『사실성과 타당성』에서의 하버마스는 정치철학적인 면에서는 사실상 칸트주의자와 다를 바가 없습니다.

이충진: 아무래도 이 주제에 관한 논의는 다음으로 미루어야 할 것 같습니다. 롤즈 및 하버마스와의 공통점과 차이점, 아렌트와 회페O. Hoeffe의 칸트 연구에 대한 평가 등 묻고 싶은 것이 많았습니다만, 시간이 절대적으로 부족하군요. 교수님의 연구에

대해서도 질문을 준비했습니다만…….

게르하르트: 유감입니다. 이럴 줄 미리 알았더라면 다음 일정을 잡지 않았을 것입니다. 솔직히 말씀드리자면 보내주신 질문지를 보면서 이 정도 시간이면 충분할 것으로 생각했습니다. 간단한 인터뷰가 될 것이라고 생각했었지요. 이렇게 많은 추가 질문이 있을 것이라고는 미처 예상하지 못했습니다.

이충진: 죄송합니다. 저의 불찰입니다. 오랜 시간 좋은 말씀 감사드립니다. 다음번 인터뷰는 한국에서 할 수 있게 되기를 바랍니다.

게르하르트: 기회가 되면 기꺼이 방문하겠습니다. 고맙습니다.

3. 칸트철학에서의 인권

- 클렘메 교수와의 대담 -

대담 날짜: 2009년 7월 30일

대담 장소: 독일 마인츠Mainz 클렘메 교수 연구실

클렘메Heiner Klemme 교수는 1962년 생으로 현재 독일 마인츠대학교 철학부 교수이며 독일칸트학회 이사이다. 마인츠 칸트연구소 소장으로 독일칸트학회 학술지인 『칸트 연구Kant-Studien』의 발간을 책임지고 있으며, 올해 이탈리아 피사에서 개최된 제11회 국제칸트학회 조직위원회에 독일칸트학회 대표로 참여하기도 했다. 핵심 연구 분야는 칸트 철학 및 계몽주의 철학이다.

주요 저서로는 『칸트의 주체 철학Kants Philosophie des Subjekts』(1996), 『자율의 이념: 도덕적 옳음과 좋음에 관한 의무론적 이론의 핵심들Die Idee der Autonomie. Elemente einer deontologischen Theorie des moralisch Richtigen und des Guten』(2003), 『흄 철학 입문David Hume zur Einfuerung』(2007), 『칸트와 유럽 계몽주의의 미래Kant und die Zukunft der europaeschen Aufklaerung』(Hrsg., 2009) 등이 있다.

홈페이지 주소는 다음과 같다. http://www.philosophie.uni-mainz.de/klemme

이충진: 오늘은 마인츠대학교 칸트연구소 소장인 클렘메 교수님을 모시고 '칸트에게서의 인권'에 관하여 말씀을 나누고자 합니다. 먼저 인터뷰에 응해주신 교수님께 감사드립니다.

클렘메: 반갑습니다. 이런 자리를 만들어주셔서 고맙습니다.

이충진: 오늘 인터뷰에서는 조금 전문적인 내용을 다루고자 합니다. 교수님께서 동의하신다면, 칸트 연구가를 독자로 상정하고 인터뷰를 진행하고자 합니다.

클렘메: 알겠습니다. 그렇게 하시지요.

이충진: 그럼 첫 번째 질문을 드리겠습니다. 인권은 오늘날 가장 중요한 주제들 중의 하나이며 칸트는 인권 논의에서 빠질 수 없는 매우 중요한 사상가입니다. 하지만 '인권Menschenrecht'이란 단어는 칸트 텍스트에 거의 등장하지 않으며, 심지어 칸트 법철학의 대표 저서인 『법이론』에서조차 겨우 두 번밖에 등장하지 않습니다. 이런 상황은 칸트 연구자들을 당혹스럽게 만들기에 충분합니다. 교수님께서는 우리가 학문적 엄밀성을 유지하면서도 '칸트의 인권 이론'이라고 부를만한 논의를 칸트 텍스트에서 찾을 수 있다고 생각하시는지요?

클렘메: 칸트가 '인권'이라는 표현을 즐겨 사용하지 않았다는 것은 분명한 사실입니다. 하지만 그 점이 곧 '칸트에게는 인권에 관한 논의가 존재하지 않는다.'라는 것을 의미할 수는 없겠지요. 칸트 시대에 '인권'이라는 표현은 비록 전혀 없었던 것은

아니었지만 오늘날처럼 흔히 사용된 것도 아니었습니다. 표현은 다르되 내용은 동일한 개념 및 논의가 칸트에게 또 칸트 시대 학자들에게 분명히 존재하고 있습니다. 지난 수백 년 동안의 연구가 그것을 증명하고 있습니다.

만일 우리가 칸트의 인권 이론을 확보하고자 한다면, 우리는 먼저 칸트가 사용하는 개념들 중 어느 것이 오늘날 '인권' 개념에 상응하는지를 확인해야 합니다. 대략적으로 말하자면 '자유권', '생득적 권리', '내적 권리', '침해 불가능한 권리', '양도 불가능한 권리' 등이 그에 해당될 것입니다. 하지만 이러한 접근 시각의 확대가 연구 내용의 엄밀성과 상충하는 것은 아닙니다.

이충진: 교수님께서는 지금 '만일 우리가 확대된 시각을 갖고 칸트철학을 들여다본다면 우리는 오늘날 인권이 논의되고 있는 모든 맥락, 즉 법적 맥락, 정치적 맥락, 사회적 맥락 모두에서 칸트를 만나게 될 것이다.'라고 말씀하시는 것인지요?

클렘메: 법적 맥락과 정치적 맥락에서는 분명 그렇습니다. 하지만 사회적 맥락에서의 인권 문제가 칸트에게서 확인될 수 있는지, 그 점에 대해서는 조금 주의가 필요합니다.

이충진: 알겠습니다. 그럼 차례대로 이야기를 나누어보도록 하겠습니다.

인권을 법적 맥락에서 이해하는 경우 핵심은 역시 '법적 의미의 인권이란 무엇인가?', '강제권으로서의 인권은 어떻게 규범적·이성적으로 정당화될 수 있는가?'라는 물음에 답하는 것이겠지요. 이 점에 대해 말씀해주시기 바랍니다.

클렘메: 법적 의미의 인권이란 곧 인간을 법적 존재자, 즉 권리주체로 이해하는 것을 의미합니다. 칸트는 이러한 인권을 자유권이라고 표현했습니다. 이것은 인간이 인간이란 이유만으로 가지게 되는 권리이며 그런 의미에서 생득적 권리를 말합니다. '인권'을 분석적으로 정의하면 이렇듯 정확하게

칸트의 표현에 도달하게 됩니다.

생득적 자유권으로서의 인권은 합리적 근거 없이 타인에 의해 제한되어서는 안 됩니다. 즉 인간은 가능한 최대한으로 자신의 자유를 사용할 수 있어야 합니다. 그런데 나의 자유 사용에 대한 불합리한 제한은 나의 자유를 침해하는 것과 마찬가지인바, 이에 대해 나는 나의 강제력을 사용하여 저항할 권한을 가지고 있습니다. 그런 의미에서 자유권은 강제권이기도 합니다.

이충진: '인간은 권리주체이다.'라는 사실은 어떻게 이해되어야 하는지요? 칸트는 도덕법칙을 이성사실로 천명함으로써 그것의 정당화에의 요구를 무의미한 것으로 만들어버렸습니다. '인간은 인권의 담지자이다.'라는 사실 역시 그것의 근거에 대한 물음을 더 이상 던질 수 없는 것, 그러한 물음이 일종의 수행 모순performativer Widerspruch을 저지르게 되는 것과 같은 것인지요?

클렘메: 도덕법칙이 사실로 존재한다는 것과 인간이 도덕적 존재자라는 사실은 동전의 앞뒤 면과 같습니다만, 이때 도덕적 존재자란 두 가지 상이한 측면에서 이해되어야 합니다. 도덕적 존재자로서의 인간은 우선은 의무를 가진 존재자의 모습을 갖고 있습니다. 왜냐하면 도덕법칙은 언제나 자신 안에 하나의 의무를 표현하고 있고 그것을 통해서 우리 인간에게 특정한 의무를 부과하고 있기 때문입니다. 도덕적 권한을 가진 존재자로서의 인간은 그다음에야, 즉 자신이 타인과의 관계 속에서 살아가고 있을 때야 비로소 등장합니다.

이 점은 권리 법칙Rechtsgesetz 내지는 강제 법칙Zwangsgesetz의 경우도 마찬가지입니다. 우리가 타인을 외적 행위자로서 만나는 곳, 따라서 일인의 외적 행위가 타인에게 불가피하게 영향을 미치게 되는 곳, 바로 그런 곳을 규제하는 것이 강제 법칙입니다. 인간은 우선은 이러한 강제 법칙의 규제를 받는 존재자, 즉 특정한 강제적·법적 의무를 가진 존재자로 등장하며, 그다음에야 상호적 강제 권한, 즉 권리를 가진 존재자로 이해되는 것입니다. '인간은 인권의 담지자이다.'라는 것은 두 번째 측면만을 표현하고 있는 것입니다.

이충진: 그렇다면 첫 번째 측면 역시 언급하지 않을 수 없겠군요. 그것은 울피안Ulpian이 말하는 내적 법의무Rechtspflicht를 말씀하시는 것이겠지요. 즉 '너는 권리주체가 되어야만 한다.'라는 의무 말입니다. 하지만 그래야 하는 필요성이 어떻게 제시될 수 있는지요? 왜 나는 나 자신을 인권의 담지자로 만들어야 하는지요?

클렘메: 『법이론』 '서론'에서 칸트는 울피안의 공식이란 제목 아래 세 개의 법의무를 제시하고 있습니다. 그중 첫 번째 것이 '너는 너 자신을 권리주체로 만들어야 한다.'라는 의무이며 이것은 곧 '너는 타인과의 관계에서 너 자신을 한갓 법적 의미의 대상, 즉 사물 내지는 비인격적 존재자로 만들어서는 안 된다.'라는 것입니다. 이것은 『도덕형이

상학원론』의 보편 도덕법칙이 외적 자유 사용의 영역을 규제하는 강제 법칙으로 변양된 것일 뿐입니다. 이것에 대해서는 '목적의 정식'이 이해를 돕겠군요. 칸트는 도덕법칙을 이른바 '목적의 정식'이란 형태로 구체화시키고 있습니다. 그것은 타인을 목적으로 대할 것을 명령하고 있을 뿐만 아니라 자살, 매춘, 노예 계약 등과 같이 자기 자신을 사물이나 수단으로 만드는 것 역시 금지하고 있습니다. 이러한 목적의 정식을 권리 법칙의 형태로 바꾸면, '너는 너의 법적 존엄성을 유지해야 한다.' 내지는 '너는 너 자신에게 법적 존엄성을 창출해야 한다.'라는 것을 의미하게 됩니다. 이것은 이성의 명령이며 이성필연성을 가진 법칙입니다.

이충진: 하지만 『법이론』에는 도덕적 의미의 존엄성 개념이 등장하지 않으며 논의 전개 안에서 아무런 역할도 하지 않습니다. 법적 의미의 존엄성 개념 역시 전후 맥락 없이 '마치 총알에서 발사된 듯' 갑

작스럽게 등장하고 있지 않습니까? 칸트에게서 인간 존엄성과 인권 사이에는 어떤 연관 관계가 있는지요? 넓게 보자면 법과 도덕의 관계라고 할 수 있을 것 같습니다만…….

클렘메: 『도덕형이상학원론』에서 칸트는 도덕법칙을 확보합니다. 그와 함께 칸트는 도덕적 구속성 및 도덕적 명령에 대한 명확한 인식에 도달했으며 동시에 도덕적 존재자로서의 인간이 가지고 있는 구체적인 모습 역시 확보했습니다. 자기 목적으로서의 인간, 존엄한 존재자로서의 인간 등이 그것입니다. 이러한 인간 존엄성은 모든 도덕적 구속성의 최종 근거입니다. 인간의 존엄성이 받아들여지지 않는 한 인간 행위에 대한 도덕적 평가나 강제를 이야기하는 것은 가능하지 않기 때문입니다.

인간 존엄성은 외적 행위 영역을 규제하는 규범의 근거이기도 합니다. 그것은 나에게 법적 존엄성을 유지·창출할 것을 의무 지우며 타인의 법적 존엄성을 침해하지 말 것을 명령합니다. 법적 존엄성은 모든 법적 규범의 선행조건이며 모든 법적 논의는 그것에서 출발해야만 합니다. 그것은 마치 인간의 도덕적 존엄성을 받아들여야만 인간에게 적용되는 도덕적 규범을 이해·평가할 수 있는 것과 같습니다.

이충진: 교수님께서 말씀하시는 법적 존엄성이 곧 칸트가 이해하는 인권인지요?

클렘메: 그렇기도 하고 그렇지 않기도 합니다. 이러한 불분명함은 우리가 '인권'이란 개념 아래 너무도 다양한 의미를 생각하고 있기 때문에 어쩔 수 없습니다. 가령 인권을 헌법적 권리로 이해하면 법적 존엄성과 인권은 부분적으로만 동일합니다. 인권을 자연적 권리로 이해한다고 해도 문제는 여전히 남습니다. 왜냐하면 자연적 권리란 그것의 관철이 보장되어 있지 않은 권리, 칸트의 표현에 따르자면 임시적 권리일 뿐이어서, 과연 그러한 권리와 도덕적 권한 사이에 어떤 본질적 차이가 있

는지 확실하지 않기 때문입니다. 인권을 단순히 도덕적 권한으로 이해할 수도 없는 노릇이구요.

이충진: 이렇게 질문하면 어떨까요? 법적 존엄성을 명령하고 있는 울피안 제1정식Formel은 도덕적 의무를 제시하고 있는 것인지요 아니면 법적 의무를 제시하고 있는 것인지요?

클렘메: 바로 그것이 문제입니다. 비록 칸트가 그것을 심정 윤리에 속하지 않는 하나의 법의무라고 분명히 말하고 있기는 합니다만, '나는 나 자신을 타인의 수단으로 만들어서는 안 된다.'라는 의무가 어떻게 외적으로 강제 가능한지, 이해하기 어려운 것이 사실입니다. 가령 국가가 '이 노예 계약은 법적 구속력을 갖지 않는다.'라고 판결하는 경우, 그것은 분명 위의 법의무에 근거합니다. 하지만 그러한 국가 강제력은 계약을 통해 타인을 노예로 삼으려는 사람을 향한 것입니다. 계약에 의거해서 나 자신을 노예화하는 사람이 법적으로

처벌될 수 있을지는 분명하지 않습니다.

'울피안의 공식들은 도덕에서 법으로 이행하는 부분에 위치하고 있다.'라는 것만은 분명하게 말할 수 있겠지요. 또 '칸트는 법적 존엄성의 유지에 대한 명령으로부터 법적 공동체 창출에 대한 명령으로 직접 이행한다.'라는 점 역시 놓쳐서는 안 되겠지요. 우리가 도덕과 법의 관계를 어떻게 설정하든 말입니다. 하지만 그곳에 등장하고 있는 '권리를 위한 의무Pflicht zum Recht'라는 개념은 그 표현만큼이나 이해하기 어려운 것이 사실입니다.

이충진: 아무래도 이 주제는 이 정도에서 멈추는 것이 좋을듯합니다. 이제 다른 주제로 넘어가도록 하겠습니다.

클렘메: 그 전에 한 가지만 확실히 해두고 싶습니다. 이 주제와 관련해서 저와는 전혀 다른 입장을 가진 칸트 연구가들도 있습니다. 그들은 칸트를 다음과 같이 이해합니다. '『법이론』에서 칸트는 오직

외적 행위에만 주목했으며 이것을 출발점으로 해서 법·권리 개념을 전개하고 법적 규범으로서의 강제법을 도출했다. 그 과정에서 칸트는 도덕이나 도덕적 존엄성 같은 법 이외의 요소는 전혀 고려하지 않았다.'라고 말입니다.

이충진: 칸트를 홉스의 후계자로 이해하거나 아니면 법실증주의자의 선구자로 이해하는 연구자들을 말씀하시는군요. 교수님께서 그에 동의하지 않는 것은 두말할 여지도 없고요.

클렘메: 예 그렇습니다. 하지만 그들의 칸트 이해를 논박하기가 쉽지 않은 것도 사실입니다. 존엄성과 인권을 단순히 동일시하는 것만으로는 가능하지 않은 일입니다.

이충진: 마음에 새겨두도록 하겠습니다. 그럼 이제 정치적 맥락에서의 인권 개념에 대해 이야기를 나누어보도록 하겠습니다. 인권을 현실 정치와의 연

관성 안에서 이해하는 경우 아무래도 국가권력에 의한 인권침해 문제가 가장 먼저 논의되어야 할 듯합니다. 철학에서는 전통적으로 이 문제를 저항권이란 이름 아래 논의해왔습니다. 물론 철학자들이 다루는 저항권의 문제가 가령 헌법 소원 제도나 대통령 탄핵 제도처럼 오늘날 이론적으로나 현실적으로 이미 해결된 부분들을 지칭하는 것은 아닙니다. 극단적 사유를 하는 철학자들은 극단적 경우에 주목하기 때문이지요. 저항권의 문제란 곧 현실 국가권력 전체를 부인하는 활동, 따라서 실정법적으로는 당연히 불법적인 활동, 그러한 활동에 대한 초실정법적·자연법적 권리가 인정될 수 있는가의 여부이겠지요. 그런 의미에서의 저항권을 칸트는 어떻게 이해하고 있는지요?

클렘메: 결론부터 이야기하자면 이 문제에 관한 한 칸트는 철저하게 홉스를 따르고 있습니다. 칸트는 현실 국가권력을 부인하는 법적 가능성을 인정하지

않습니다.

칸트에 따르면 인간에게 일어나는 일들 중에 가장 나쁜 것은 이른바 자연 상태입니다. 자연 상태 안에서는 어느 누구도 타인을 한갓 대상 내지는 비인격적 사물로 만들 가능성으로부터 자유롭지 않으며, 모든 사람은 자신이 원하든 원하지 않든 다른 모든 사람에게 불의를 행할 가능성에 노출되어 있기 때문입니다. 이러한 인간 사회의 불의不義unrecht함은 한 사람이 타인에게 행하는 불의함과는 차원이 다릅니다. 저항권이란 현존하는 국가로부터 자연 상태로 되돌아가고자 하는 권리인바, 그러한 권리는 인정될 수 없습니다. 왜냐하면 자연 상태는 가장 불의한 현실 국가보다 더 큰 불의를 포함하고 있기 때문입니다.

현실 국가가 저항권을 자신의 법체계 안에 포함할 수 없는 것은 당연한 일입니다. 국민에게 자신의 명령에 복종할 것을 강제하면서 동시에 그것에 저항하는 것을 허락하는 것은 자기모순일 뿐이니까요. 실정법적 권리로서든 자연법적 권리로서든 저항권을 칸트가 인정했다고 볼 수 있는 여지는 없습니다.

이충진: 칸트를 달리 이해하는 사람도 있지 않았습니까? 가령 헨리히D. Henrich 같은 사람 말입니다.

클렘메: 그렇습니다. 칸트는 1770~80년대 『인간학 강의록』에서 이른바 야만적 국가에 대해 상세히 묘사하고 있습니다. 군주가 자신의 권력을 너무도 오용해서 국민을 인격체가 아닌 사물로 대하는 경우, 다시 말해서 군주가 국민을 자신의 자의恣意의 수단으로 이용하는 경우 말입니다. 이와 같은 경우에 직면하면 누구나 '이곳에서는 군주 자신이 국가를 법적 상태에서 자연 상태로 되돌리고 있구나.'라고 판단하게 될 것입니다. 아마도 추정하건대 칸트는 그와 같은 극단적인 경우가 현실로 존재한다는 것을 적극적으로 제시함으로써 부당한 군주에 대한 저항이 정치적·법적으로 정당화될 수 있음을 암묵적으로나마 말하고 있는 듯

이 보입니다. 로크처럼 저항권에 대한 명시적·적극적 인정은 하지 않았지만 말입니다.

이충진: 나쁘게 말하자면 저항권 문제에 관한 한 칸트는 매우 애매한 입장을 취하고 있군요.

클렘메: 글쎄요……. 국가권력에 의해 침해되어서는 안 되는 개인의 권리, 즉 인권을 인정하지만, 그러한 인권이 정치적 존재자로서의 개인이 그가 이미 속해 있는 국가를 부인·전복顚覆할 권리를 포함하지는 않는다, 대략 이러한 것이 칸트의 입장입니다. 그것은 애매하다기보다는 오히려 매우 명확하고 강력한 주장이라고 말해야 하지 않을까요?

칸트가 루소의 영향을 많이 받은 것이 사실이기는 합니다만 그렇다고 해서 루소와의 차이점이 간과되어서는 안 될 것입니다. 가령 칸트는 루소의 일반의지 개념을 받아들이면서도 동시에 이념으로서의 일반의지와 현실적 일반의지 사이의 차이를 강조했습니다. 이념적 주권자와는 달리 현실의 주권자는 언제나 법적 오류에 빠질 수 있고 따라서 우리는 그의 정치적 활동을 항상 감시하고 교정해야만 한다는 것이지요. 공론장公論場의 역할에 대한 강조, 언론 자유를 인권의 핵심으로 보는 것 등은 바로 그와 같은 이해에 기인한 것입니다. 하지만 현실 주권자의 오류 가능성 내지는 결함이 그에 대한 전면적 저항을 정당화시킬 수는 없습니다. 엄밀한 의미의 혁명이란 그런 것이겠지만, 그와 같은 의미의 혁명권이 이론적으로 정당화되는 것은 어려운 일입니다.

어느 나라에서나 그렇듯이 인권과 주권 사이에는 상당한 긴장이 존재하기 마련이고 어느 이론가에게나 그렇듯이 칸트의 인권 이론과 주권 이론 사이에는 어느 정도의 부정합이 존재하고 있습니다. 그것은 쉽게 극복되거나 봉합될 수 있는 것이 아닙니다.

이충진: 잠시 하버마스에 눈을 돌려보도록 하지요. 『사실성과 타당성』에 따르면, 인권의 문제는 법적 차원

에서 이해되어야 하며 인권의 논의는 민주주의 논의와의 연관 없이는 가능하지 않습니다. 인권을 근거 짓기 위해 우리는 도덕에 눈을 돌려서는 안 되며 또한 인권을 올바로 논의하기 위해 정치를 도외시해서는 안 된다, 이것이 하버마스의 입장인듯합니다. 이 문제와 연관해서 칸트와 하버마스를 잠시 비교해주실 수 있으시겠습니까?

클렘메: 법·권리는 그것이 현실성Wirksamkeit을 가진 곳에서만 진정한 의미의 법·권리입니다. 법·권리의 현실화를 위해서는 제도화라는 우회로가 필수적입니다. 인권을 보장하고 현실화하는 제도가 바로 오늘날 우리가 이해하고 있는 민주국가입니다. 그런데 인권이 현실화되는 경우란 인권이 주권자에 의해 해석·규정되는 경우뿐인바, 왜냐하면 오직 주권자만이 그에 대한 권한을 가지고 있기 때문입니다. 합법성legal의 차원이 아니라 정당성legitim의 차원에서 이해하자면 그렇습니다. 이와 같은 부분에서 칸트와 하버마스는 별다른 차

이가 없습니다.

차이가 있다면 담화 이론과 관련된 것이겠지요. 가령 하버마스는 인권 개념과 주권 개념 각각에 특정한 인격체Person 개념을 상응시키고 있습니다. 마치 담화 공동체에 참여하는 구성원들이 특정한 모습 내지는 자격을 가지고 있는 것처럼 말입니다. 그 결과 상당히 심각한 문제가 등장할 수 있습니다. 가령 인권에 관한 담화 공동체를 상정해보도록 하지요. 그 담화에 참여하는 구성원들은 인권 해석의 권한을 가지고 있는 사람들, 즉 주권자입니다. 그런데 이 주권자가 인권을 해석함에 있어서 '이 사람은 권리주체가 아니다.'라는 방식으로 해석할 수 있는 가능성이 배제되어 있지 않습니다. 인권과 주권의 관계를 일방적인 것으로 설정함으로써 주권자의 무오류성이라는 오래된 생각으로 되돌아간 것이지요. 반면에 칸트는 언제나 이념으로서의 일반의지와 사실로서의 일반의지를 엄격히 구분하며, 후자의 오류 가능성, 즉 인권 해석에 있어서 현실의 주권자는 언제든 오류를 범할 수 있다는 점을 강조하고 있습니다. 거칠게 말하자면 주권과 인권 사이의 일방적 관계가 아니라 상호적 관계 내지는 상호 의존성이 권리 현실화 맥락에서도 여전히 주목되고 있는 것이지요. 이와 같은 칸트적 사유 모델이 부당한 권력에 대한 저항을 이론적으로 더 충실하게 뒷받침할 수 있을 것입니다.

법과 도덕의 관계에 대해 두 사람이 각기 다른 입장에 있다는 점은 다시 지적할 필요가 없겠지요.

이충진: 인권 해석의 권한을 가진 유일한 주체인 주권자가 인권 해석을 잘못하는 경우 파국은 불가피하겠지요. 바로 그 지점에서 저항권의 문제가 등장하는 것이고요……. 다른 부분은 어떻습니까? 칸트와 하버마스 사이의 차이점이 있다면 어떤 것일까요?

클렘메: 많은 것을 말할 수 있겠지만 생산적 논의를 위해서는 울피안의 제3공식에 대한 칸트의 해석에 주

목하는 것이 좋을듯합니다.

하버마스는 칸트가 공동체주의 전통보다는 자유주의 전통에 더 가깝다고 말하고 있지만 사실은 그렇지 않습니다. 칸트가 이해하고 있는 인권은 처음부터 자신의 실정화를 요구하고 있습니다. 즉 권리 개념 그 자체에 이미 '권리 담지자는 자신을 국민Volk으로부터 주권자로 전환시켜야 한다.'라는 규범적·이성적 필연성이 함축되어 있는 것입니다. 이것이 법적 의무인지 아니면 도덕적 의무인지는 앞서 이야기한 것과 마찬가지로 여전히 논의의 여지가 있습니다만, 어느 쪽이든 이 점에서 칸트는 루소와 유사합니다. 칸트의 법·권리의 이해에서 가장 중요한 부분이되 하버마스에게서는 전혀 찾아볼 수 없는 부분입니다. 칸트를 자유주의자로 평가하는 것 자체가 이미 하버마스와 칸트 사이의 간격을 지시하고 있겠지요.

이충진: 저에게는 분명하지 않군요……. 다시 칸트로 돌아가도록 하겠습니다. 『법이론』에 따르면, 미성숙

한 소극적 시민이 성숙한 적극적 시민이 될 수 있게끔 그들에게 사회경제적 지원을 제공하는 것은 국가의 의무입니다. 이와 같은 의무의 이면裏面은 곧 '소극적 시민은 그에 상응하는 권리를 가진다.'라는 것입니다. 이러한 국가에 대한 청구권Anspruchsrecht은 인권에 해당되는지요?

클렘메: 국가는 국가 시민이 사회경제적으로 몰락하는 것을 보고만 있으면 안 됩니다. 두말할 필요 없이 분명한 사실이지요. '국가는 시민을 법적 주체로 유지 내지는 보존해야 한다.'라는 점으로부터 '국가는 그것을 위해 필요한 사회경제적 조건들을 시민에게 제공해야 한다.'라는 법적·정치적 의무가 도출됩니다. 하지만 이러한 국가의 의무는 칸트에게서는 언제나 소극적 자유의 보호에 머물 뿐입니다. 다시 말해서 국가 시민이 법적 주체의 자격을 상실하는 일이 일어나지 않도록 하기 위해 '최소한의 것'을 제공하는 것, 그것만이 국가의 의무입니다. 반면에 자유의 적극적 사용의 보

장 및 그것을 위한 외적 조건의 창출 같은 '그 이상의 것'의 제공은 국가의 의무가 아닙니다. 가령 모든 국민에게 동일한 생활 조건을 제공하고 기회 균등을 보장하는 것은 국가가 원하면 취할 수 있는 선택 사항이되 국가에게 부과된 의무 내지 과제는 아닙니다. 오늘날 이야기되고 있는 사회적 청구권은 칸트가 이해하고 있는 인권에는 해당되지 않습니다.

이충진: 사회적 맥락에서의 인권은 칸트에게 존재하지 않는다, 그런 말씀이시군요. 오늘의 세 번째 주제입니다만…….

클렘메: 그렇습니다. 오늘날의 용어로 다시 말해보지요. 예를 들어 국가의 모든 직위는 모든 시민에게 열려 있어야 하며, 신분, 종교, 성별 등 어느 것에 의해서도 직위에 도달할 가능성이 제한되어서는 안 됩니다. 하지만 그렇다고 해서 특정 직위를 위해 요구되는 특정한 능력을 국가가 국민들에게 제

공할 필요는 없습니다. 그것은 각자의 몫인 것이지요. 그것에 대한 청구권은 인정될 수 없습니다.

이충진: 귀족의 특권은 인정될 수 없지만 '귀족'이 되기 위한 기회는 동일하게 제공한다, 그렇게 말할 수 있겠군요. 하지만 이른바 출발의 불평등함이 극복되지 않는 한 기회 균등이란 공허한 선언에 머물지 않겠습니까? 사회적·자연적 불평등함을 최소화하기 위해 국가는 적극적인 정책을 취해야 하며 국민은 그것을 요구할 권리를 가지고 있는 것이 아닐까요?

클렘메: 아닙니다. 그와 같은 적극적 의미의 사회복지권 Sozialrecht은 칸트에게는 없습니다. 칸트에게서 사회복지권이라 불릴만한 것을 찾을 수 있다고 해도 우리는 그것을 최소한의 범위로 제한해야 합니다. 기본적 생존의 보장 정도는 포함하겠지만 가령 평등한 교육 기회의 제공은 포함되지 않을 것입니다. 칸트는 현대적 의미의 평등주의자Egalitarian가

아닙니다.

이충진: 칸트에게서 행복추구권으로서의 인권 개념이 등장하지 않는 것도 그런 이유에서이겠군요.

클렘메: 사회복지국가Sozialstaat 및 사회복지권으로서의 인권은 매우 현대적인 개념입니다. 그것을 가감 없이 칸트에게서 찾고자 한다면 성공할 수 없을 것입니다.

이충진: 칸트의 인권 개념을 논의하면서 세계시민권 개념을 빼놓을 수는 없겠지요. 칸트가 생각하는 인권은 개별 국가의 범위를 넘어설 수 있는지요? '전 지구적 차원의 인권globales Menschenrecht'이 칸트적 개념으로 성립할 수 있는지요?

클렘메: 말씀하신 전 지구적 인권이 무엇을 의미하는지에 따라 다르겠지요. 만일 그것이 사회복지권을 의미한다면, 그런 의미의 '인권으로서의 세계시민

권'은 칸트에게는 분명 존재하지 않습니다. 우연히 또는 자신이 원해서 살게 된 타국他國에게 자신의 생존과 복지를 위한 사회경제적 조건을 요구하는 것은 불합리하겠지요.

세계시민권은 우리가 외국인으로서 특정 국가에 대해 가지게 되는 권리를 말합니다. 이러한 권리의 획득은 오직 제한된 조건 아래서만 가능합니다. 가령 '나의 조국으로 되돌아가는 경우 나는 부당하게 죽음을 당하게 될 것이다.'라는 것이 그러한 조건입니다. 그런 조건 아래에서라면 나는 타국에 대해 나를 국민의 일원으로 받아들여줄 것을 요구할 수 있으며 타국은 그에 상응하는 의무를 갖게 됩니다. 내가 어느 국가의 구성원이었든 또 내가 어느 국가를 상대로 그런 요구를 제기하든 그것은 상관없습니다. 이와 같은 '인권으로서의 세계시민권'은 칸트적 개념이라고 말할 수 있습니다. 오늘날 널리 인정되고 있는 정치적 망명권과 크게 다를 바 없겠지요.

이충진: 그러한 세계시민권은 법적 권한입니까 아니면 도덕적 권한입니까? 그것이 인권에 해당된다면 말입니다…….

클렘메: 칸트는 그것을 권리라고 불렀고 강제권으로 이해했습니다만, 세계시민권이 매우 특이한 상황에 처해 있는 것만은 분명하지요. 모든 국제법이 그러하듯이 '강제력이 뒷받침되지 않는 강제권'의 상태에 있으니까요. 그렇다고 해서 국제법적 권한을 우리가 단순히 도덕적 권한이라고 말할 수 없듯이 세계시민권 역시 도덕적 권한이라고 부를 수는 없는 노릇입니다. 일종의 아포리라고 할 수 있겠지요. 계속 어려운 질문만 하시는군요…….

이충진: 죄송합니다. 그럼 이제 마지막으로 쉬운 질문을 드리겠습니다. 인터뷰 때마다 묻는 질문입니다만…… 오늘날 우리는 왜 칸트철학에 눈을 돌려야 하는지요? 교수님께서는 칸트 인권 이론의 현재성을 무엇이라고 생각하시는지요?

클렘메: 칸트는 참으로 훌륭한 철학자입니다. 칸트는 중요한 문제를 찾아낼 줄 알고 관련된 물음을 올바른 맥락에서 제기할 줄 아는 사람입니다. 그는 물음에 대한 설득력 있는 대답을 제시할 뿐만 아니라 대안적 해결책을 위한 단서들 역시 풍부하게 제공합니다. 칸트철학은 이론적 엄격함과 풍부한 사유 내용을 모두 갖추고 있는 철학체계인 것입니다.

칸트의 인권 이론 역시 다를 바 없습니다. 하나만 예로 들어보지요. 칸트는 인권의 문제를 먼저 정치의 문제와 분리하여 그 자체로 논의하고, 그러한 논의 이후에 인권과 정치의 관계를 주제화합니다. 칸트는 한편으로는 규범적 정당화의 논의 맥락과 사실 서술적 논의 맥락을 명확하게 구분함으로써 맥락의 혼동에서 유래하는 이론적 불완전성을 피해가고 동시에 다른 한편으로는 각각의 맥락에서 충분히 논의된 결과들을 추후에 다시 결합함으로써 총체적 인식을 확보하는 것입니다. 칸트철학에 내재한 이론적 함의가 무궁무진한 것은 바로 칸트가 그와 같은 '분리·종합의 방법'을 고수했기 때문입니다.

칸트 인권 이론의 현재성을 하나하나 제시하는 것은 불가능하겠지요. 아마도 오늘날 인권을 이야기하면서 칸트를 언급하지 않을 수 없다는 사실을 지적하는 것만으로도 충분할 것이라고 믿습니다.

이충진: 이것으로 인터뷰를 마치도록 하겠습니다. 오랜 시간 고맙습니다.

클렘메: 즐거운 시간이었습니다. 감사합니다.

4. 사회복지국가와 칸트철학

- 케르스팅 교수와의 대담 -

대담 날짜: 2009년 7월 8일

대담 장소: 독일 킬Kiel 케르스팅 교수 연구실

케르스팅 Wolfgang Kersting 교수는 1946년 생으로 독일 킬 대학교 철학부 교수이다. 주요 연구 분야는 정치철학 및 칸트 법철학이다.

그의 교수자격논문 Habilitation인 『질서 잡힌 자유: 칸트 법철학 및 국가철학 Wohlgeordnete Freiheit: Immanuel Kants Rechts- und Staatsphilosophie』(1982)은 칸트 법철학의 모든 주제를 포함하고 있는 방대한 연구서이며 오늘날 법철학 연구자의 필독서로 평가받고 있는 텍스트이다. 그는 독일 학계에 롤즈 철학을 소개하는 데도 적극적이었으며(『롤즈 입문 John Rawls zur Einfuehrung』, 2008), 롤즈에 대한 일련의 비판은 독일 및 미국 학계에 널리 알려져 있다. 그는 『사회정의 이론들 Theorien der sozialen Gerechtigkeit』(2000), 『평등에 대한 비판: 정의와 도덕의 경계들 Kritik der Gleichheit. Ueber die Grenzen der Gerechtigkeit und der Moral』(2002), 『칸트에서의 권리 Kant ueber Recht』(2004) 등 정치철학에 대한 독창적인 저서를 지속적으로 발표하고 있다.

홈페이지 주소는 다음과 같다. http://www.uni-kiel.de/PhilSeminar/pers.htm

이충진: 오늘 인터뷰의 주제는 '사회복지국가와 칸트철학'입니다. 먼저 인터뷰에 응해주신 교수님께 진심으로 감사드립니다.*

* '사회복지국가'는 독일어 'Sozialstaat'를 우리말로 옮긴 것이다. 문자에 충실하게 옮기자면 '사회국가'가 올바른 번역어이고, 내용에 상응하게 옮기자면 '복지국가'가 적절한 번역어일 것이다. 하지만 두 경우 모두 만족할만한 번역어는 아닌 것으로 보인다. 왜냐하면 'Sozialstaat'를 '사회국가'로 번역하면, 우리는 그에 상응하여 'Sozialrecht' 'Sozialpolitik' 등을 '사회권' '사회정책' 등으로 옮겨야 하는데, 실제로는 이미 오래전부터 '복지권' '복지 정책' 등으로 번역·사용되고 있기 때문이다. 그렇다고 'Sozialstaat'를 '복지국가'로 번역하면, 그와 함께 우리는 지난 200년 동안의 서양 학문사史로부터 이탈하게 될 뿐만 아니라 특히 칸트철학과의 연계성도 상실하게 될 것인데, 왜냐하면 '복지국가'는 칸트 시대에 논의되었던 특정한 국가 모습(행복주의적 국가, Wohlfahrtsstaat)을 표현하기에 적합한 단어이며 동시에 칸트는 바로 그러한 모습의 국가

케르스팅: 이렇게 먼 곳까지 와주셔서 고맙습니다. 이곳은 처음이신가요? 도시는 마음에 드시는지요?

이충진: 아직 시내를 둘러보지는 못했습니다만 바닷가는 인상적이었습니다. 거대한 배들보다는 넓고 맑은 바다가 마음에 와 닿았습니다.

케르스팅: 먼 바다로 나가시면 더욱 좋으실 것입니다. 독일에서는 흔히 볼 수 없는 광경을 만나시게 될 것입니다.

이충진: 그렇게 하겠습니다. 고맙습니다. 이제 인터뷰를 시작할까요?

케르스팅: 그렇게 하시지요. 저도 준비되었습니다.

에 적극적으로 반대했기 때문이다. 'Sozialstaat'를 어떤 단어로 옮길 것인가? 이에 대해서는 보다 많은 학계의 논의가 필요하며, '사회복지국가'는 나의 제안인 셈이다.

이충진: 이미 알고 계시겠지만, 오래전 『베를린신문 Berliner Zeitung』(2000. 3. 30)에 교수님 논문에 대한 기사가 실렸습니다. 기사의 제목은 「누가 사회복지국가를 근거 지었는가? 케르스팅 교수는 칸트라고 생각한다」입니다. 칸트 법철학을 연구하고 있는 저에게조차 매우 생소한 주장이었으며 그만큼 충격적인 주장이기도 했습니다. 교수님께서는 정말로 칸트가 사회복지국가에 관한 이론을 제공하고 있다고 생각하시는지요?

케르스팅: 그렇기도 하고 그렇지 않기도 합니다. 맥락과 내용이 정확하게 규정되지 않는 한 '사회복지국가 이론가로서의 칸트'는 참되지도 거짓되지도 않은 모습일 뿐입니다.

이충진: 칸트철학과 사회복지국가 사이에는 결코 짧다고 말할 수 없는 일정한 거리가 존재하는 듯이 보입니다. 사회복지국가는 칸트 시대에는 현실로서는 분명 존재하지 않았고 추측하건대 개념으로서도

존재하지 않았을 것이기 때문입니다. 제 생각이기는 합니다만, 아무래도 본격적인 이야기에 앞서서 약간의 설명이 필요할듯합니다. 괜찮으시다면 그에 대한 질문을 먼저 드리고자 합니다.

케르스팅: 물론 괜찮습니다. 말씀하시지요.

이충진: 칸트가 이해했던 법치국가와 오늘날 이해되고 있는 사회복지국가는 동일한 것이 아닙니다. 먼저 양자의 차이점에 대해 간단히 말씀해주시기 바랍니다.

케르스팅: 근대적 의미의 법치국가는 개인의 자유·평등을 핵심으로 하는 공동체입니다. 법치국가의 가장 중요한 과제는 개인들 사이의 자유롭고 평등한 교류를 보장하는 것이지요. 개인들은 국가에 의해 규정·보장된 특정한 공간 안에서 자유롭게 살아가며, 이 점에서 다른 사람들과 철저히 평등합니다. 자유권, 법칙, 법칙적 평등 등은 근대 법치

국가의 기본 원리들이며, 자유-평등한 권리의 담지자로서의 개인은 법치국가의 기본 전제였습니다. 칸트의 용어로 말하자면 외적 행위를 통해 서로 만나는 권리 담지자들이 상호 충돌 없이 평화롭게 공존할 수 있는 조건들, 그러한 조건들을 창출하고 유지하는 것이 국가의 과제였습니다. 하지만 사회복지국가는 '그 이상'의 과제를 가지고 있습니다. 사회복지국가는 개인들 사이의 분쟁만이 아니라 개인 하나하나의 삶의 조건에 관심을 가지며 그것에 강제력을 갖고 개입하고자 합니다. 사회복지국가는 법치국가와 달리 공동체 안에서의 재화 배분 상태를 규제하고자 하는 것입니다. 그 점에서 사회복지국가는 법치국가와 다를 뿐만 아니라 법치국가를 넘어선다고도 말할 수 있습니다.

이충진: 좀 더 구체적으로 말씀해주실 수 있으시겠습니까?

케르스팅: 그러지요. 현재 저는 독일이라는 사회복지국가

안에 살고 있습니다. 그런데 만일 제가 사회적·경제적 어려움에 빠지게 되면, 저는 국가를 상대로 일정한 도움을 요구할 수 있습니다. 이와 같은 청구권은 법적 권리이지, 다른 시민의 호의에 의존하는 도덕적 요구가 아닙니다. 국가의 입장에서 다시 이야기하자면, 국가는 곤경에 처한 나를 위해 내 이웃의 재산을 그로부터 강제로 빼앗는 법적 권한을 가집니다. 그의 동의 여부와 무관하게 말입니다. 이와 같은 법적 권리 및 의무, 그것을 보장·집행해야 하는 국가의 법적·정치적 권한 등은 근대적 법치국가에서는 생각할 수 없는 것입니다. 오늘날 논의되고 있는 사회복지권 내지는 사회복지적 청구권은 최근에야 확립된 개념입니다.

이충진: 교수님께서 말씀하신 '최근'은 어느 시대를 지칭하는지요? 비스마르크 시대인가요 아니면 사회복지국가의 황금기라 불리는 1960~70년대인가요?

케르스팅: 실정법적인 의미에서 이야기하자면 비스마르크 시대이겠지요. 중세는 물론이고 근대에도 가난한 이웃을 돕는 것은 단지 도덕적 의무였을 뿐입니다. 축제 때 거리 행진을 하면서 귀족들이 시민들에게 동전을 던지는 장면을 보신 적이 있으실 것입니다만, 그것은 가난한 이웃에게 베푸는 시혜施惠였지 그들의 권리를 충족시키는 행위는 아니었습니다. 사회복지 체제가 국가에 의해 강제적으로 제도화된 것은 비스마르크 시대가 처음이었으며, 따라서 국가를 상대로 한 개인의 청구권 역시 그와 함께 시작되었다고 보아야 할 것입니다.

이충진: 비스마르크와 칸트 사이에는 100년 이상의 기간이 놓여 있으니, 칸트에게서 사회복지국가 이론이 등장하지 않는 것은 당연한 일이겠군요. 하지만 빈민 구제를 위한 국가정책이나 사회적·정치적 약자에 대한 법적 배려에 관하여 칸트는 명백한 언급들을 남겼습니다. 우리는 그러한 논의들을 사회복지국가에 관한 이론 내지는 최소한 그

것을 위한 단서로 간주해도 되지 않겠습니까? '칸트에게는 관련 논의가 존재하지 않는다.'라는 주장은 지나치지 않는지요?

케르스팅: 아닙니다. 저는 생각이 다릅니다. 다시 비스마르크 이야기를 해보지요. 그가 사회복지 정책을 실행한 것은 분명합니다만 그 배경은 오늘날과 전혀 다릅니다. 비스마르크는 강력한 독일의 건설을 원했으며, 따라서 당연히 국내외의 불안 요소를 제거해야만 했습니다. 국가의 안정, 그것은 비스마르크에게 최우선의 정치적 과제였던 것이지요. 그런데 아시다시피 국가의 안정을 위협하는 요인, 즉 사회불안을 야기하는 요인 중 가장 치명적인 것은 언제 어디서나 대규모의 빈곤입니다. 빈곤이 만연하면 사람들은 급격한 사회 변화에 눈을 돌리기 마련이기 때문입니다. 이 점을 잘 알고 있던 비스마르크는 국민 다수에게 최소한의 의식주를 보장해줌으로써 혁명을 방지하고자 했던 것입니다. 오늘날 인권을 중심축으로 해서 논

의되고 있는 것과는 전혀 다른 맥락에서 사회복지 정책이 도입된 것이지요.

이충진: 칸트도 그 경우에 해당된다는 말씀이신가요?

케르스팅: 그렇습니다. 비스마르크는 당시 확산되고 있던 맑시즘이 국가의 안정을 위협할지도 모른다는 두려움을 갖고 있었습니다. 그래서 국민들에게 이른바 홍당무를 제공함으로써 국가를 좌파 혁명으로부터 보호하고자 시도했습니다. 칸트 역시 비슷한 상황에 있었을 것입니다. 칸트가 아무리 프랑스혁명을 칭송했어도 국가 안위安危에 관한 한 그의 사고는 매우 현실적이었습니다. 칸트는 당시 발전 도상에 있던 독일이 프랑스혁명의 영향으로 다시 퇴락하는 것을 원치 않았습니다. 대혁명의 부정적 영향이 독일 안으로 유입되는 것을 바라지 않았던 것입니다. 비록 칸트가 빈민 구제 같은 사회복지 정책의 도입을 주장한 것은 사실이지만, 그 배경은 비스마르크의 그것과 유사했습니다.

이충진: 칸트의 용어로 말하자면 칸트는 사회복지 정책의 도입에 도덕적·법적 필연성이 아니라 정치적 현명함만을 부여했던 것이군요.

케르스팅: 바로 그렇습니다. 법치국가의 건설과 유지는 이성이 우리에게 명령하는 도덕적·법적 의무입니다. 법치국가는 그와 같은 이성적 필연성에 토대하며 그에 의해서 규범적으로 정당화될 수 있습니다. 그것이 칸트이지요. 하지만 사회복지국가는 그러한 이성적·법적 필연성을 가지고 있지 않습니다. 사회복지국가의 실현은 현실적 맥락에 의해 결정되고 정당화될 수 있을 뿐입니다. 이 교수님께서 이미 말씀하셨듯이 그것은 정치적 현명함의 문제였지 이성적·법적 필연성의 문제가 아니었습니다. 그런 한에서 우리는 '칸트에게서는 사회복지국가 이론을 발견할 수 없다.'라고 말할 수 있습니다. 단지 관련된 언급들만이 있을 뿐이지요.

이충진: 그럼에도 불구하고 칸트철학에 주목하고 계시는

특별한 이유가 있습니까? 사회복지국가가 문제시 되는 경우 우리는 칸트의 어떤 점에 주목해야 하는지요?

케르스팅: 법치국가의 정당화에 관한 칸트의 이론은 사회복지국가의 정당화 이론을 위한 핵심 원리를 모두 포함하고 있습니다. 만일 우리가 칸트 이론을 문자적으로 이해하는 것에 머물지 않고 그것을 사회복지의 필요성이라는 우리의 새로운 현실에 적용한다면 저는 사회복지국가에 관한 규범적 정당화가 가능할 것이라고 생각합니다. 다시 말해서 사회복지국가를 법치국가의 연장선 위에서 이해하고 법치국가의 규범적 원리들을 재해석 내지는 확대 해석함으로써 우리는 사회복지국가의 창출에 규범적 필연성을 제공하는 하나의 이론을 만들어낼 수 있을 것입니다.

이충진: 워낙 문외한이라 그렇겠지만 교수님께서 말씀하시는 이론적 작업이 어떤 모습인지, 쉽게 머릿속

에 떠오르지 않습니다.

케르스팅: 간단하게만 이야기해보지요. 자유, 평등, 자립은 칸트가 제시했던 국가의 법적 또는 정치적 원리들입니다. 법적 의미의 자유는 소극적으로 이해하면 타인을 해치지 않는 범위에서 자신이 원하는 바를 행할 권한 정도가 될 것입니다. 하지만 19세기가 우리에게 가르쳐주었듯이 이러한 법적 자유는 그것의 실현을 위한 경제적·사회적 토대가 결여된 곳에서는 한갓 공허한 선언에 불과합니다. 자유가 진정한 의미의 자유가 되려면 타인의 강제로부터의 독립만이 아니라 물질적 궁핍으로부터의 독립 역시 필요한 것이지요. 따라서 만일 자유의 보호가 법치국가의 기본 과제라면 법치국가는 경찰 이상의 역할을 해야 합니다. 즉 개인의 자유 실현의 물질적 조건을 창출해야 하는 것이지요.

이충진: 평등은 어떻습니까? 칸트에게서 평등은 자유의

다른 이름이지 오늘날처럼 자유와 대치 관계에 있는 것으로 이해되지는 않았습니다만…….

케르스팅: 칸트가 말하는 평등은 법적 의미의 평등, 즉 이른바 법 앞에서의 평등입니다. 그에 대해서는 어느 누구도 이의를 제기하지 않을 것입니다. 다만 우리는 평등 개념 역시 사회복지국가적 맥락에 맞게 새롭게 해석해야 합니다. 예를 들어 사회적 평등을 공공재에 대한 평등한 접근 권한으로 이해하는 것입니다. 이렇듯 평등을 공공재의 평등한 사용 권한으로 이해하게 되면 국가는 공기, 물 등 생존을 위한 자연적 조건들은 물론이고 교육, 의료 등과 같은 사회적 조건들 역시 기본적 공공재로서 모든 국민에게 평등하게 제공해야 하는 의무를 갖게 됩니다. 시장에의 참여 기회 역시 마찬가지입니다.

오늘날 몇몇 이론가가 말하는 자유·평등의 반비례란 허구일 뿐입니다. 재화 중에는 공공재만이 있는 것이 아니어서 사회적 평등이 강조된다고 해서 개인적 자유가 축소되는 것은 아닙니다. 공적公的 평등함과 사적私的 불평등함은 얼마든지 공존할 수 있습니다.

이충진: 자립성은 어떤가요? 칸트 연구가들 사이에서 가장 의견이 분분한 주제로 알고 있습니다만…… '칸트가 말하는 자립성은 법적 원리인가 아니면 정치적 원리인가?'에 대한 논쟁은 아직도 진행 중이지요. 또 어떤 사람들은 '칸트 법철학은 초기자본주의 시대의 국가를 정당화시키는 데 기여하고 있을 뿐이다.'라는 혹평의 근거로 자립성 원리를 제시하고 있기도 합니다. 아무래도 자립성 원리는 사회복지국가 이론에서도 중요한 역할을 하지 않겠습니까?

케르스팅: 물론입니다. 자립성에 관한 논의는 수없이 많습니다만, 한 가지만은 분명합니다. 칸트는 자립성을 개인의 정치적 자격 조건으로 이해하면서 동시에 국가의 정치적 과제로 이해하고 있다는 것

입니다. 다시 말해서 칸트는 한편으로 자립성을 적극 시민과 소극 시민을 구분하는 기준으로 이해하면서 동시에 다른 한편으로 비자립적 시민의 정치적 자립화를 국가의 규범적 의무로 제시하고 있습니다. 후자에 방점을 찍을 경우, 우리는 그것이 사회복지국가의 정치적 과제와 동일한 것임을 금방 알 수 있습니다. 국가는 시민들의 정치적 자립성 내지는 자율성을 단순히 보장하는 것은 물론이고 그것이 신장될 수 있도록 해야 하는 것입니다. 이와 같이 시민 자율성의 사회적·경제적 조건을 충족시키는 것은 국가 불안정성을 제거하기 위한 복지 정책과는 전혀 다른 차원의 문제입니다.

이충진: 저에게는 아직도 분명하지 않습니다. 교수님의 말씀 안에는 사회복지국가의 모습에 관한 것과 사회복지국가의 규범적 정당화에 관한 것이 뒤섞여 있는 듯이 보입니다. '사회복지국가는 법치국가의 유지를 위해 필요하다.'라고 말씀하고 계신

것은 아니시겠지만, 저에게는 자꾸 그렇게 들리는군요. 도대체 우리는 왜 사회복지국가를 만들어야 하는지요? 그것의 규범적 정당화가 어떻게 가능한지요? 간단히 말씀해주시기 바랍니다.

케르스팅: 지금은 기본 방향만을 소개할 수 있을 뿐입니다. 자세한 부분을 이야기하자면 좀 더 많은 시간이 필요합니다……. 제가 하고자 하는 것은 다음과 같습니다. 칸트가 제시한 법 원리들에 의지해서 사회복지국가의 규범적 필연성을 제시하는 것, 자유·평등·자립성 등의 개념을 재해석함으로써 재화 재분배의 필연성, 즉 시장에 의한 재화 분배에 국가가 추후적으로 개입해야 하는 필연성을 제시하는 것, '이성적 존재자는 국가법에 복종하는 존재자에 머무는 것이 아니라 법치국가 창출의 의무를 갖고 있는 존재자이다.'라는 칸트의 통찰을 사회복지국가 창출의 필연성을 증명하는 데 원용하는 것 등이 제가 하고자 하는 바입니다. 칸트가 제시하는 제도화의 필연성 역시 빼놓을 수

없는 부분이겠지요.

이충진: 교수님께서는 '사회복지국가에 관한 한 현실이 이론을 앞서고 있다.'라고 말씀하신 적이 있습니다. 사회복지국가에 관한 이론적 작업이 충분하지 않다는 점을 지적하신 것으로 이해하고 있습니다. 하지만 이러한 의문이 드는군요. 사회복지국가의 강조가 과연 오늘날에도 필요한지요? 지금은 비록 전 세계적 금융 위기로 잠시 주춤거리고 있기는 합니다만, 신자유주의적 경제체제는 지속·강화되지 않겠습니까? 그렇다면 이미 그것의 비효율성이 증명된 사회복지국가는 우리가 지향해야 할 공동체의 모습은 아닐 것 같습니다만…….

케르스팅: 두 가지 측면을 다 보아야 하겠지요. 시장에 의한 재화의 분배는 경우에 따라 파국적인 상태로 귀착되곤 합니다. 만일 우리가 재화의 분배를 시장에 전적으로 위임해버리면 구성원들의 평등은 사라지게 될 것이며, 이러한 경제적·사회적 불평등

은 법적 자유를 파괴하고 결국에는 법치국가의 기반을 파괴하게 될 것입니다. 언젠가는 시장 자체도 더 이상 기능하지 못하게 되겠지요. '국가가 시장에 개입해서는 안 된다.'라는 주장은 별로 언급할만한 가치가 없습니다. 물론 현실의 사회복지국가는 심각한 문제를 갖고 있습니다. 가령 현재 독일의 사회복지 체제는 지나칠 정도로 비대화되어 있습니다. 국민총생산의 약 30% 정도가 사회복지를 위해 사용되고 있는 실정입니다만, 이것은 경제적으로 유지되기 어렵습니다. 현재 독일의 정치가들은 누구나 사회복지 정책을 입에 달고 다니며, 지난 수십 년 동안 그래왔습니다. 그 결과로 나타난 현재 독일 사회는 여러 면에서 도덕적으로도 용납되기 어려운 측면을 갖고 있는 것이 사실입니다.

국가는 어떤 형태로든 시장에 개입하여 재화를 재분배해야 합니다만, 사회복지는 어떤 경우든 '최소한의 원칙'을 지켜야 합니다. 그것만이 경제적 비효율성과 도덕적 해이를 극복할 수 있는 유일한 길입니다. 사회복지국가의 비효율성을 비판하는 것과 사회복지국가의 필요성을 정당화시키는 것은 전혀 다른 문제입니다.

이충진: 지난번 '베를린 연설'에서 쾰러H. Koehler 대통령은 독일의 전통적 경제체제인 사회복지적 시장경제soziale Marktwirtschaft로 되돌아갈 것을 정치권에 촉구한 적이 있습니다. '독일이 지난 20여 년 동안 신자유주의에 너무 많이 경도되었다.'라는 문제의식이 밑에 깔려 있다고 보아야 하겠지요. 어떻습니까? 교수님의 생각과는 사뭇 다르다고 말할 수 있겠습니까?

케르스팅: 말씀드리기 어렵군요. 현재의 보수 정부이든 지난번의 진보 정부이든 신자유주의적 정책을 많이 도입했고 또 복지 정책을 대대적으로 개혁한 것은 사실입니다. 하지만 그것이 꼭 사회복지국가의 후퇴를 초래했다고 말할 수는 없을 것입니다. 조금 전에 말씀하셨던 금융 위기 문제도 좋은 예

가 되겠군요. 위기 극복을 위해 현재 많은 국가가 경제 활성화에 전력을 기울이고 있습니다만, 실제 정책은 국가마다 많이 다릅니다. 가령 국민에게 직접 현금이 지급되는 경우도 있고 낙후된 교육 시설과 의료 시설의 보수에 공적 자금이 투입되는 경우도 있습니다. 두 경우 중 후자가 결과적으로 사회복지 수준을 향상시킬 것임은 두말할 필요도 없겠지요. 현재의 독일 정부는 보수정부입니다만 그런 정책을 취하고 있습니다.

사회복지적 시장경제로의 복귀와 관련해서는 좀 더 세밀한 논의가 필요할듯합니다.

이충진: 시간이 거의 다 되었군요. 칸트로 다시 돌아가서 한두 가지 질문만 더 하고자 합니다. 칸트철학을 기반으로 해서 사회복지국가 이론을 만들어내고자 하는 시도는 매우 드물기는 합니다만 전혀 없는 것도 아닙니다. 몇몇 법학자는 칸트철학 안에 등장하는 주제나 논의들, 가령 법적인 자유·평등, 토지의 공동점유, 사유재산권에 관한 논의,

도덕적 의무로서의 빈민 구호 등에 주목하고 그것들을 기반으로 해서 사회복지국가의 필요성을 제시하고자 시도하고 있습니다. 교수님께서는 그들의 시도에 대해 어떤 의견을 갖고 계시는지요?

케르스팅: 하나하나를 따로 말씀드릴 수는 없겠지요. 일반적으로 말하자면, 법학자들은 칸트철학의 전체 모습을 확보하지 못한 상태로 작은 주제에 몰두하는 경향이 있습니다. 또한 대부분의 법학자들은 칸트 사유의 극단성을 전혀 깨닫지 못합니다. 그들에게서 생산적 논의를 발견하기가 쉽지 않은 이유이지요.

이충진: 예를 들자면 어떤 것이 있는지요? 한 가지만 말씀해주실 수 있으시겠습니까?

케르스팅: 가령 많은 법학자가 '사회복지권은 인권의 일부이다.'라고 말을 합니다만, 그것은 정치적 수사로서나 신문 기사의 제목으로는 매력적일지 몰라도

이론적으로는 유지되기 쉽지 않은 주장입니다. 예를 들어 구동독은 서독에 비해 사회복지 체제를 월등히 잘 갖추고 있었지만, 그 시기 동독에서 인권이 더 잘 보호되었다고 말할 수는 없겠지요. 조금만 생각해보면 금방 알 수 있는 일입니다. 사회복지권을 근대적 의미의 인권 안에 포함시키려는 시도는—비록 올바른 방향이기는 합니다만—매우 방대하고 치밀한 논의를 필요로 합니다. 결코 쉽지 않은 작업입니다.

이충진: 국가가 개인의 재산을 그것의 크기〔量〕의 측면에서 규제하는 것은 어떨지요? 그러한 규제를 규범적으로 정당화시키는 작업이 칸트철학의 틀 안에서 이루어진다면, 칸트에 의지해서 사회복지국가의 이론적 근거를 만드는 데 일정 역할을 할 수 있지 않을까요?

케르스팅: 그럴 수도 있겠지요. 하지만 그것 역시 적지 않은 이론적 부담이 있을듯합니다……. 개인이 소유할

수 있는 재산의 크기를 국가가 미리 규정하는 것은 가능하지 않겠지만, 그에 상응한 효과가 있는 법적 조치를 취할 수는 있을 것입니다. 기업의 규모가 일정 정도를 넘어서면 반드시 상장上場하도록 하거나 아니면 대주주의 주식 소유 상태를 공개하도록 법제화하는 것은 그런 맥락에서이겠지요. 그 이상의 것은 공적 의견, 즉 여론에 의존해서 우회적으로 규제하는 방식을 취할 수 있겠지요.

이충진: 네, 그것이 제가 말씀드렸던 부분입니다. 오래전에 발표한 소논문에서 그런 작업을 하고 싶었거든요.

케르스팅: 흥미롭군요. 저는 생각해본 적이 없는 부분입니다. 하지만 소유의 법적 정당화에 관한 논의와 소유 크기의 정치적·사회적 규제를 정당화하는 논의 사이에는, 이 교수님의 표현을 다시 사용하자면, 결코 짧지 않은 거리가 놓여 있을 것입니다. 기회가 되면 교수님의 의견을 저에게 말씀해주시

기 바랍니다.

이충진: 그렇게 하겠습니다. 이제 인터뷰를 끝내야 할 시간이 되었습니다. 마지막 질문은 모든 인터뷰에서 똑같습니다. 교수님께서는 칸트철학의 현재성을 무엇이라고 보시는지요? 왜 우리는 200년 전 철학에 눈을 돌려야 하는지요?

케르스팅: 오히려 제가 드리고 싶은 질문이군요. 처음 인터뷰 요청을 받았을 때 솔직히 조금 의아한 느낌을 가졌습니다. 법치국가와는 달리 사회복지국가는 철학자들에게는 매우 낯선 주제이기 때문입니다. 정치학자들은 민족사회주의와 정치경제학에 많은 관심을 가지고, 법학자들은 사회복지국가와 관련된 많은 논의를 제공했지만, 유독 철학자들은 경제문제에 무관심했습니다. 근대 철학자 중 경제문제에 천착했던 사람은 아마도 헤겔이 처음이었을 것입니다. 칸트에게 경제는 지엽적 문제일 뿐이었죠. 저는 이 교수님께서 사회복지국가

와 관련해서 칸트에 관심을 가지는 이유가 궁금합니다.

칸트철학의 현재성에 대해서는 별로 드릴 말씀이 없군요. 그것을 강조한다는 것 자체가 우스운 일이 될 테니까요. 혹시 이런 비유는 어떨까요? 칸트철학은 현대 철학자에게 등대와도 같습니다. 칸트는 우리가 철학이라는 바다 위에서 자신의 위치를 확인하기 위한 기준점이며 또한 자신의 철학이 어느 방향으로 나아가고 있는지 또 나아가야만 하는지를 확인하기 위한 기준점입니다. 등대 없이 바다를 항해할 수 없듯이, 오늘날 어느 누구도 칸트를 만나지 않고는 철학의 세계에 몸담고 있을 수 없습니다.

이충진: 어쩌면 그 이상일는지도 모르지요. 칸트철학이라는 등대에서 나온 불빛이 다다르는 곳, 그곳이 철학의 한계이고 그 안의 공간만이 철학에 허용된 유일한 세계일지도 모르겠습니다……. 아무래도 내일은 바다 멀리 나가서 등대를 봐야 할 것 같습

니다. 오랜 시간 고맙습니다.

케르스팅: 고맙습니다. 좋은 추억 만드시기를 바랍니다.

5. 칸트 『법이론』 텍스트 연구에 관하여

- 루트비히 교수와의 대담 -

대담 날짜: 2009년 5월 21일

대담 장소: 독일 볼펜뷔텔Wolffenbuettel 아우구스타 도서관

루트비히Bernd Ludwig 교수는 1955년 생으로 현재 괴팅엔 대학교 철학부 교수이다. 주요 연구 분야는 근대 철학사, 실천철학, 칸트 법철학이다.

오랜 전통과 최고의 권위를 자랑하는 독일 펠릭스 마이너 출판사Felix Meiner Verlag는 칸트 법철학의 대표적 텍스트인 『법이론의 형이상학적 단초들Metaphysische Anfangsgruende der Rechtslehre』(1797)의 새로운 편집을 그에게 맡겼는데, 그것은 그의 학위논문(『칸트의 법이론Kants Rechtslehre』, 1988)의 학문적 성과를 공인한 것이나 마찬가지였다. 오늘날 칸트 법철학 연구자들은 '루트비히가 제기했던 문제들에 대답하지 않고는 한 걸음도 나갈 수 없다.'라는 인식을 공유하고 있다. 『에피쿠로스 자연법의 재발견: 홉스 철학 발전사 Die Wiederentdeckung des Epikureischen Naturrechts. Zu Thomas Hobbes' Philosophischer Entwicklung』(1998), 『계몽과 해석: 칸트 철학 및 그 주변에 관한 연구Aufklaerung und Interpretation. Studien zu Kants Philosophie und ihrem Umkreis』(Hrsg., 1999), 『재산이란 무엇인가? — 플라톤에서 하버마스까지Was ist Eigentum? — Philosophische Positionen von Platon bis Habermas』(Hrsg., 2005) 등의 저서를 발표했다.

홈페이지 주소는 다음과 같다. http://www.uni-goettingen.de/de/70298.html

이충진: 1990년 벤첼U. J. Wenzel은 자신의 논문에서 '칸트 법철학에 관한 연구는 이제 루트비히의 해설서 없이는 더 이상 등장할 수 없게 되었다.'라고 말한 바 있습니다. 그의 말을 빌리지 않더라도 학위 논문(1988) 및 『법이론』의 새로운 편집(1986)으로 대표되는 교수님의 연구 성과는 가히 기념비적인 것이라고 말할 수 있을듯합니다. 칸트 법철학을 연구하고 있는 저에게는 루트비히 교수님과의 인터뷰는 참으로 감회 깊은 일이 아닐 수 없습니다. 먼저 인터뷰에 응해주신 교수님께 진심으로 감사드립니다.*

루트비히: 고맙습니다. 지나친 과찬에 몸 둘 바를 모르겠군요.

이충진: 저는 3년 전 칸트 법철학 일반에 관해 인터뷰를 한 적이 있으며 작년에는 연구 현황에 관한 작은 논문도 발표했습니다. 내용의 중복을 피하기 위해 오늘은 『법이론』 텍스트 자체에 관해서만 말씀

* 이 대담은 독일 북부에 위치한 소도시 볼펜뷔텔Wolffenbuettel의 아우구스타 도서관Bibliotheca Augusta에서 이루어졌는데, 이곳에서는 2009년 5월 19일~23일에 소규모의 철학자 모임이 있었다. 이 모임은 칸트 텍스트를 러시아어로 번역하고 그 결과를 2개 국어 텍스트(러시아어-독일어)로 출판하기 위한 학술 사업의 일환이었다. 이 학술 사업의 독일 쪽 책임자는 투슐링 교수B. Tuschling(마르부르크)이며 러시아 쪽 책임자는 모트로실로바 교수N. Motroshilova(모스크바)이다. 러시아학술원, 마르부르크 철학연구소, 마인츠 칸트연구소, 훔볼트재단, 폭스바겐재단 등에서 지원을 받고 있으며, 1994년 제1권을 출판한 이래 현재까지 모두 4권의 텍스트를 출판했다. 이번 모임은 5번째 텍스트이자 잠정적으로 최종 텍스트인 『도덕형이상학Metaphysik der Sitten』을 번역·출판하기 위한 준비 모임이었다. 모임에서는 『도덕형이상학』의 제1부 『법이론Metaphysische Anfangsgruende der Rechtslehre』이 중점적으로 논의되었다. 모임에는 독일, 러시아, 미국 등에서 온 14명의 칸트 연구자들이 참석했다. 400여 년 전 헤어초크 아우구스트Herzog August에 의해 처음 건립된 아우구스타 도서관은 이 모임을 위해 도서관 안에 있는 성서관Bibelsaal을 제공했다. 참조: http://hsozkult.geschichte.hu-berlin.de/termine/id=11163

을 나누고자 합니다. 교수님의 양해를 바랍니다.

루트비히: 알겠습니다. 그렇게 하겠습니다.

이충진: 인터뷰에 앞서 독자들을 위한 약간의 안내가 필요할듯합니다. 먼저 오늘 이야기될 텍스트에 대해 간단히 말씀해주시겠습니까?

루트비히: 이 텍스트는 1797년 쾨니히스베르크에서 처음 출판되었습니다. 제목은 『도덕형이상학—제1부 법이론의 형이상학적 근거들』이었습니다. 그 이후 오늘날까지 이 텍스트는 『법이론Rechtslehre』이란 이름으로 불리고 있습니다. 1년 후인 1798년 칸트는 「법이론의 형이상학적 근거들에 대한 해명erlaeuternde Bemerkungen」이란 제목의 짧은 글을 발표했으며, 오늘날 『법이론』은 이 「해명」까지를 포함하는 텍스트를 지칭합니다. 1798년에는 『도덕형이상학』의 제2부인 『덕이론Tugendlehre』이 또한 출판되었습니다. 칸트 생전에 두 개의 텍스트였

던 『법이론』과 『덕이론』은 이후 하나로 합본되어 『도덕형이상학』이란 이름으로 출판되었습니다. 1986년 펠릭스 마이너Felix Meiner 출판사에서 이 두 개의 텍스트를 다시 각각 출판하기까지 지난 200년 동안 세계적으로 예외가 없었습니다.

이충진: 1986년에 출판된 것이 바로 교수님께서 편집하신 것이지요. 그것은 아카데미 편집본Akademie-Ausgabe 및 그것에 토대한 기존의 다른 텍스트들과는 다른 커다란 차이점을 가지고 있습니다. 가령 이전의 편집자들은 오자나 탈자의 교정, 문법적 오류 수정, 현대적 표현으로의 대체 등 매우 제한적인 범위에서만 텍스트를 변경시켰습니다. 하지만 교수님께서는 많은 단락의 위치를 바꾸었고 심지어 10여 쪽 분량의 단락을 삭제하기까지 했습니다. 교수님 스스로 표현하셨듯이, 텍스트에 대한 그와 같은 '거대한 개입groessere Texteingriffe'이 과연 어떻게 정당화될 수 있을까요?

루트비히: 쉽지 않은 문제이지요. 오늘 인터뷰의 핵심이 되겠군요.

이충진: 그렇습니다. 천천히 말씀해주셔도 괜찮습니다.

루트비히: 오래전부터 알려진 사실입니다만, 오늘날 우리가 가지고 있는 칸트 텍스트 중 몇 가지는 심각한 문제를 포함하고 있습니다. 가령 『프롤레고메나』의 일부 단락과 『실천이성비판』의 일부 단락은 칸트의 원고 자체에는 포함되어 있지 않은 것, 즉 인쇄 과정에서 잘못 삽입된 것으로 추정되어왔습니다. 바이힝거H. Vaihinger에 의해 일부 밝혀지기도 했었지요. 『법이론』은 쇼펜하우어가 '노인네의 작품'이라고 표현할 정도로 문제가 심각했습니다. 물론 그는 『법이론』의 내용에 관해 이야기하고 있는 것이기는 합니다만…….

이충진: 1797년의 텍스트는 잘못 인쇄된 채 세상에 나왔으며 칸트는 그러한 사실을 끝까지 알지 못했다,

이것이 교수님의 주장인 것으로 알고 있습니다. 정말로 그러한지요? 또 동시대인들 역시 그 점을 눈치채지 못했는지요?

루트비히: 그렇습니다. 현재까지 발견된 어느 자료에서도 칸트가 자신의 텍스트를 출판 후 다시 읽어보았다는 사실을 확인할 수 없습니다. 텍스트의 훼손 가능성에 관한 동시대인들의 언급 역시 전혀 발견할 수 없습니다. 이러한 사실이 제 주장에 대한 소극적 증명은 되겠지요. 아시다시피 『법이론』 텍스트의 훼손 가능성은 부흐다G. Buchda와 텐브룩F. Tenbruck에 의해 처음 제기되었습니다. 그것이 1929년과 1949년의 일입니다. 그러니까 그 이전까지는 어느 누구도 이러한 문제에 주목하지 않았다고 말할 수 있습니다.

이충진: 교수님의 입장을 말씀해주시겠습니까?

루트비히: 부흐다와 텐브룩은 물론이고 포어렌더K. Vorlaender

등 이전 편집자들 역시 '텍스트가 훼손되었다.'라는 생각을 갖고 있었습니다. 다만 그들은 텍스트의 특정 부분에 대해서만 그런 생각을 했던 것이지요. 하지만 저는 텍스트 훼손이 그들이 생각했던 것보다 훨씬 더 광범위하게 이루어졌다고 믿고 있습니다. 칸트 연구가들 사이에서 오래전부터 인정되어온 부분, 즉 부흐다와 텐브룩이 지적한 '권리 획득론'의 일부 단락 외에도 '서론', '권리 소유론', '공법 이론' 등 거의 모든 부분에서 텍스트의 훼손이 이루어진 것이 분명합니다. 결과적으로 우리는 칸트의 본래 원고와는 매우 상이한 모습의 『법이론』을 갖게 된 것이지요.

이충진: 교수님의 주장에 대한 반론 역시 적지 않은 것으로 알고 있습니다. 투슐링 교수의 반론부터 오늘 제기된 볼프M. Wolff 교수의 반론에 이르기까지 수많은 이의 제기가 있어왔습니다. 이에 대해 간단히 말씀해주시겠습니까? 교수님의 입장도 함께 말씀해주시기 바랍니다.

루트비히: ‘『법이론』은 철학적·이론적 결함을 가지고 있지 않은 저서이다. 『법이론』에서 발견되는 결함들은 단지 인쇄 과정에서 발생한 텍스트 훼손의 결과일 뿐이다.’라는 것이 저의 핵심 테제입니다. 이러한 주장을 입증하기 위해 저는 문헌학적 방법과 체계적 해석 방법을 모두 동원했습니다.

제 입장에 대한 비판은 제가 학위논문을 구상하고 있던 시기부터 지금까지 20여 년 동안 계속되고 있습니다. 비판자들 역시 제가 공부했던 마르부르크대학교의 투슐링 교수, 유미라는 이름의 일본 학생, 오늘 처음 알았습니다만 프리드리히라는 연구자 등 매우 다양합니다. 비판의 대상도 각기 달라서 사실상 거의 모든 부분이 비판받고 있다고 말할 수 있습니다. 모르긴 해도 텍스트 연구나 칸트철학 연구에서 전례 없는 일일 것입니다. 먼저 분명히 해야 할 것은 이러한 비판들이 상이한 두 차원을 가지고 있다는 점입니다.

이충진: 어떤 것인지 좀 더 자세히 말씀해주시겠습니까?

루트비히: 첫째는 일반적 차원의 비판입니다. 몇몇 사람은 새로운 편집의 필요성 자체에 대해 이의를 제기했습니다. '기존의 텍스트를 전혀 다른 형태의 텍스트로 만들고자 하는 이유가 무엇인가? 그러한 시도를 어떻게 정당화시킬 수 있는가?' 그것이 비판의 요점이었습니다. 이러한 비판은 칸트 텍스트 전체를 염두에 두고 제기된 것이며, 칸트 전집 발간을 위해 이루어진 200년 동안의 연구 성과를 바탕으로 제기된 것입니다. 텍스트 변경의 올바름 여부를 따지기 이전에 그것의 필요성 자체에 대한 이의 제기였지요. 이러한 비판자들에게 '『법이론』은 매우 예외적인 경우에 해당되는 텍스트이다.'라는 점은 별로 중요하지 않았습니다.

이충진: 매우 강력한 비판이군요. 교수님의 작업 자체가 과연 유의미한 일인가? 그렇게 묻고 있는 셈이니까요.

루트비히: 그렇습니다. 저는 먼저 이러한 비판에 대답해야

했습니다.

칸트의 철학과 칸트의 텍스트는 두 개의 다른 연구 대상입니다. 두말할 필요 없이 분명한 사실이지요. 저의 출발점은 18세기에 등장한 하나의 텍스트입니다. 이러저러한 우연적 상황에서 우연히 등장한 하나의 텍스트가 과연 우리가 알고 있는 칸트철학을 온전하게 담고 있는가? 그것이 저의 문제의식이었습니다. 만일 현존하는 텍스트가 저자의 생각을 담고 있지 않다면, 우리는 그러한 결함 많은 텍스트에 주목할 아무런 이유가 없겠지요.

철학의 역사는 이론의 역사이면서 동시에 텍스트의 역사이기도 합니다. 하지만 저는 텍스트에 관한 연구는 오직 그것이 이론적 연구에 기여하는 한에서만 의미가 있다고 생각합니다. 저자의 생각을 충분히 담고 있는 텍스트에 대한 발생사적 연구는 철학적 의의를 전혀 갖지 못할 것입니다. 반대로 말하자면 '텍스트의 역사'에 대해 관심을 가지는 것은 그것이 '이론의 역사'의 한 부분을 구성한다고 생각하기 때문이지요.

1797년의 텍스트는 제 생각에 칸트의 생각을 올바로 드러내고 있지 못합니다. 만일 이러한 저의 의구심이 근거 없는 것이 아니라면 우리는 텍스트의 발생 과정에 주목해야 합니다. 그리고 만일 문헌학적 연구의 결과가 그러한 의구심을 정당화시킨다면, 우리는 가능한 범위 안에서 텍스트 자체를 재구성해야 합니다. 그것이 저의 작업이었습니다.

이충진: 두 번째 차원의 비판은 내용적인 것이겠군요. 텍스트의 변경이 칸트의 사유 과정을 보다 명백히 드러내고 있는가? 그것을 따지는 비판 말입니다. 동일한 텍스트를 연구자마다 달리 해석하는 것은 학계에서 흔히 있는 일인데, 어떻게 그런 차원의 논의에서 생산적인 결과를 기대할 수 있는지요?

루트비히: 말씀하신 생산적 결과는 기대하기 어려울지도 모르지요. 가령 오늘도 볼프 교수는 국가법 논의에

관한 저의 텍스트 수정을 강력하게 비판했습니다만 저는 그의 주장에 동의할 수 없습니다. 내일 투슐링 교수도 소유론 부분의 수정을 비판하겠지만 지난 20년 동안 그래왔듯이 아마도 제가 설득되는 일은 없을듯합니다. 최근에 프리드리히가 새로운 비판을 했다고 합니다만 저는 아직 아는 바가 없습니다. 곧 자료를 찾아보고 저의 입장을 밝힐 생각입니다.

저는 이미 오랫동안 수많은 논의에 참여했고 수많은 질문에 대답했습니다. 최근에는 관련 논의에 적극적으로 참가하지 않은 것이 사실인데, 왜냐하면 이전의 연구로 대부분 해명되었다고 생각했기 때문입니다. 사실 이러한 종류의 논의와 관련하여 나는 아직 설득력 있는 반론을 접해본 적이 없습니다.

아마도 두 가지 정도는 말씀드릴 수 있을듯합니다. 먼저, 저의 수정본이 예전의 텍스트에 비해 내적 체계성을 더 많이 가지고 있다, 그렇게 생각하는 사람들이 점차 많아지고 있는 것은 분명합니다. 예를 들어 저는 '서론'의 4개 단락을 이전과는 다른 순서로 배열했는데, 그로 인해 칸트의 논의에의 접근 가능성이 증가했다고 많은 사람이 말을 했습니다. 제 작업에 대한 긍정적 평가가 시간이 지날수록 증가하고 있다고 분명히 말씀드릴 수 있습니다. 두 번째로, 너무도 당연한 일이겠지만, 언제고 제가 납득할만한 비판이 등장하면 저는 지적된 부분을 아무런 거리낌 없이 수정할 것입니다. 설사 너무도 많은 비판과 그로 인한 너무도 많은 수정 때문에 결과적으로 텍스트가 전혀 다른 모습을 가지게 된다고 해도 말입니다. 왜냐하면 그것은 곧 학문의 발전을 의미할 것이기 때문이며 저의 작업이 그러한 발전에 일정 부분 기여했다는 것을 의미할 것이기 때문입니다.

이충진: 그래도 조금은 서운하지 않으시겠습니까?

루트비히: 글쎄요……. 『법이론』 텍스트의 재구성은 벌써 20년 전의 일입니다. 젊은 시절의 연구 성과지요.

그것에 대해 예나 지금이나 커다란 자부심을 갖고 있고 또 펠릭스 마이너 출판사에서 저의 연구 성과를 공인한 셈이어서 한없이 기뻤던 것은 사실입니다. 하지만 그렇다고 해서 그것이 지금까지도 저를 심정적으로 붙잡고 있는 것은 아닙니다.

이충진: 제가 교수님의 말씀을 제대로 이해했다면 교수님의 작업과 관련해서 일종의 패러독스 같은 상황이 벌어질 수도 있겠군요. 가령 누군가가 교수님께 '당신의 수정본이 칸트의 의도 내지는 논의 맥락을 훨씬 더 명확히 드러냅니다. 하지만 그럼에도 불구하고 텍스트를 당신처럼 수정해서는 안 됩니다. 왜냐하면 그러한 수정의 필요성이 존재하지 않기 때문입니다.'라고 주장한다면, 교수님께서는 자신의 입장을 방어하기 위해 텍스트의 내재적 통일성에 의존할 수 없을 테니까요.

루트비히: 그렇습니다. 이미 말씀드렸듯이 일반적 차원의 문제와 특수적 차원의 문제가 착종되어 있기 때

문에 그것은 어쩔 수 없는 일입니다. 과연 나의 작업이 정당화될 수 있는가? 또한 나의 텍스트가 기존의 다른 텍스트에 비해 칸트의 생각을 보다 더 정확하게 드러내고 있는가? 그것에 대한 결정은 결국 지식인 공동체의 판단에 달려 있습니다. 좀 더 많은 시간이 흐른 후에야 결정될 수 있는 사안이고 좀 더 많은 사람의 연구가 필요한 사안이지요. 20년의 시간으로는 부족합니다.

이충진: 지식인 공동체의 평가라는 말씀 때문에 생각이 났습니다만, 미국의 어느 대학에서 아카데미 편집본 대신 교수님께서 편집한 텍스트가 사용되기 시작했다는 이야기를 들었습니다. 혹시 알고 계신지요?

루트비히: 아닙니다. 처음 듣는 이야기입니다. 반가운 소식이군요. 어디든 제 텍스트가 채택되었다는 것은 물론 기쁜 일입니다. 칸트에게 다가가는 길을 제 텍스트에서 더 잘 찾을 수 있다고 생각하는 사람

이 많아지고, 또 칸트 법철학의 중요성을 깨달은 사람이 더 많아졌다는 것을 의미하니까요. 하지만 어느 텍스트를 선택할 것인가는 전적으로 연구자 자신의 책임이겠지요. 저는 단지 주어진 여건에서 최상의 텍스트를 만들고자 했던 것뿐입니다.

이충진: 번역의 경우는 어떻습니까? 번역을 위해 교수님의 텍스트가 선택된 경우가 있는지요? 최근에 『법이론』이 번역된 경우를 아시는지요?

루트비히: 1960년대 래드J. Ladd가 영어로 번역한 텍스트가 최근에 재번역되어 나왔습니다만, 이번 번역본은 제 텍스트 변경 중에서 일부는 받아들이고 일부는 받아들이지 않았다고 들었습니다. 지금 준비 중인 러시아어 번역의 경우 아마도 아카데미 편집본이 채택될 것으로 생각됩니다. 그 외에는 알고 있는 바가 없습니다.

이충진: 그레고어M. Gregor도 『법이론』을 영어로 번역했지

요. 교수님께서도 보셨을 것으로 생각합니다. 그레고어 번역본은 어떻던가요? 저는 볼 때마다 '이것은 칸트 텍스트가 아닌데.'라는 느낌을 가졌습니다만…….

루트비히: 에드워드 J. Edward가 그레고어 번역본을 엉터리 empoerend라고 말한 적이 있었지요……. 한국에서는 어떤가요? 아직 번역되지 않았을 것으로 생각됩니다만.

이충진: 그렇습니다. 아직 한국어 번역은 없습니다. 설사 번역된다고 해도 교수님 편집본이 번역되지는 않을 것입니다. 로열티를 지불할만한 출판사를 찾기가 어려울 것이기 때문입니다.

루트비히: 한국에서든 러시아에서든 최초의 번역을 위해서는 아카데미 편집본을 선택하는 것이 좋습니다. 제 텍스트를 번역하는 것은 그다음에 생각할 일입니다. 다만 역자의 말 등에서 간략하게나마 제

편집본에 대한 정보가 제공되면 좋겠지요. 그러면 한국의 독자들이 다수의 편집본이 존재함을 알게 되고 그것들 중에서 어느 하나를 선택할 수 있는 가능성이 있다는 것 역시 알게 될 테니까요. 그렇게 하는 것이 옳을 것입니다.

이충진: 고맙습니다. 마음의 부담을 많이 덜었습니다. 인터뷰를 끝내기 전에 이번 기회에 개인적으로 궁금한 것 하나만 질문하고 싶습니다. 독자들도 용서해줄 것으로 믿습니다. 그냥 가벼운 질문입니다.

루트비히: 말씀하시지요.

이충진: 왜 하필이면 1986년인가요? 교수님의 작업이 5년만 늦었다면 저는 아카데미 편집본을 보았을 것이고 그러면 아마도 칸트 법철학이 아닌 다른 분야를 전공으로 선택했을 것입니다. 제가 『법이론』을 만난 것이 1990년이거든요. 허황되기는 합니다만 저는 가끔 운명처럼 느끼곤 했습니다.

루트비히: 그냥 우연이라고 해야겠지요……. 1950년대에 칸트에 의존해서 법실증주의를 극복하려고 했던 일군의 이론가가 있었습니다. 하지만 그들은 대부분 『도덕형이상학원론』과 『실천이성비판』에 머물렀습니다. 심지어 1970년대를 대표하는 법철학자 일팅H. K. Ilting조차 칸트 법철학을 평생 연구했으면서도 『법이론』에 전혀 주목하지 않았습니다. 1970년대가 지난 후에야 변화가 찾아왔습니다. 1980년대 초 다수의 학자가 칸트 법철학에 눈을 돌리기 시작합니다. 이들은 1970년대 사회변혁을 겪은 사람들이었으며 정치철학적 관심으로 가득했던 사람들이었습니다. 맑스주의 시각으로 칸트를 비판했던 루프G. Luf, 칸트로부터 복지국가의 이론적 토대를 읽어내려 했던 케르스팅W. Kersting, 사유재산 문제와 연관하여 칸트에 주목했던 데가우H. G. Deggau 등은 독일 및 유럽을 위한 새로운 정치체제를 모색하기 위해 칸트 법철학에 눈을 돌리기 시작했습니다. 그들은 칸트 법철학이 학계의 주목을 받게 되는 데 부정적으로든 긍정적

으로든 커다란 기여를 했습니다. 저는 우연히 그 시기에 칸트를 만났고 그들의 새로운 연구 성과를 만났던 것뿐입니다. 1986년은 이른바 '칸트 법철학의 르네상스' 시기의 한복판이라 할 수 있습니다만, 그 무렵에 제가 연구의 한 시기를 마무리했다는 것은 하나의 우연일 뿐이겠지요. 아니 우연히 찾아온 행운이라고 해야겠군요.

이충진: 그래도 저는 그냥 운명이라 생각하겠습니다. 이만 인터뷰를 마치겠습니다. 오랜 시간 고맙습니다.

루트비히: 즐거운 시간이었습니다. 고맙습니다.

독일어 서문

VORWORT

Dieser Text basiert auf Tonbandaufnahmen von fuenf Interviews. Das Thema der Interviews ist die Rechts- und politische Philosophie von Kant. Fuer die ersten zwei Interviews habe ich im Jahr 2005 Marburg und im Jahr 2007 Berlin besucht. Die drei anderen wurden waehrend meiner Aufenthalte in Deutschland von 2008 bis 2009 gefuehrt. Das Interview mit Prof. Brandt legt auf den Forschungsstand und die Eigentuemlichkeit der Kantischen Rechtsphilosophie Schwerpunkt, und das Interview mit Prof. Gerhardt auf den gleichen der politischen Philosophie von Kant. Die beiden nehmen alle Leute als ihren Leser an, die sich fuer die Philosophie interessieren. Die beiden

Interviews mit Prof. Kersting und mit Prof. Klemme beschaeftigen sich mit den speziellen Themen: Sozialstaat und Menschenrecht. Sie zielen darauf, den Koreanischen Philosophen die Aktualitaet und Ueberlegenheit der praktischen Philosophie von Kant zu beweisen. Das letzte Interview mit Prof. Ludwig, das nur den Kantischen Text 'Rechtslehre' behandelt, ist fuer die Koreanischen Kantianer allein. Durch die Interviews habe ich gesehen, dass die fuenf Philosophen dem alten Philosophen Kant volles Vertrauen und herzliche Ehre geben. Das war eine schoene Erfahrung, die ich in Buechern oder in Vortraegen nicht erleben konnte. Ich bedanke mich herzlich bei den fuenf deutschen Kantianer.

April, 2010

Seoul, Korea

Choong-Jin Lee

대담 내용 독일어 요약

1. Die Rechtsphilosophie von Kant
- Ein Interview mit Prof. Dr. Reinhard Brandt -

Am 29. Jan. 2005 wurde das Interview im Haus von Prof. Brandt in Marburg gefuehrt. Das Thema war der Forschungsstrom und die Eigentuemlichkeit der Kantischen Rechtsphilosophie. Fuer den Forschungsstrom werden drei Phasen unterschieden: die erste sind die gegenseitigen Rezensionen der Zeitgenossenen von Kant, die zweite, die die Kantische Rechtsphilosophie vom Idealismus stark kritisiert wurde, und die dritte seit dem Ende des Kriegs, die durch 'die Zeit des Naturrechts' und 'die Renaissance der Kantischen Rechtsphilosophie' charakterisiert wird. Fuer Eigentuemlichkeit hat Prof. Brandt angefangen, auf den kategorischen Imperativ und die Ausserlichkeit des Rechts Aufmerksamkeit zu geben. Er bemuehte sich dann, die Kantische Interpretation der ersten Formel von Ulpian verstaendlich zu machen. Anschliessend stellte er 'den methodischen Dualismus', 'das globale Menschenrecht', und 'den Entwurf des ewigen Friedens' als die Stichwoerter der Kantischen Rechtsphilosophie vor. Am Ende des Interviews wurden die beiden modernen Rechtsphilosophen, Habermas und Rawls, herangezogen, um die Aktualitaet der Kantischen Rechtsphilosophie zu beweisen.

2. Die politische Philosophie von Kant

- Ein Interview mit Prof. Dr. Volker Gerhardt -

Am 26. Jan. 2007 wurde das Interview in Berlin gefuehrt. Es lief in der Form, dass Prof. Volker Gerhardt (Humboldt-Uni., Berlin) die Anfragen beantwortet hat, die von Prof. Lee Choong-Jin (Hansung Uni., Seoul) gestellt wurden. Sein erstes Thema ist der Forschungsstand heutzutage. Gegen 'den Tod der politischen Philosophie' behauptet Prof. Gerhardt, dass die Philosophie in keiner Zeit seit ihrem Anfang die Politik aus dem Auge verloren hat. Fuer sein zweites Thema, die Eigentuemlichkeit der politischen Philosophie von Kant, wurden drei Stichwoerter, die ausuebende Rechtslehre, Oeffentlichkeit und Partizipation, herangezogen, um ihren allgemeinen Umriss darzustellen. Ausserdem wurden einige Themen (Politik und Moral, Aufgabe des Philosophen, Geschichte, Globalisierung usw.) diskutiert. Das Interview wurde mit der Betonung darauf beendet, dass Kant auf die moderne Politikphilosophie sehr grossen Einfluss veruebt hat und immer noch veruebt.

3. Menschenrecht bei Kant
- Ein Interview mit Prof. Dr. Heiner Klemme -

Am 30. Juli 2009 wurde das Interview mit dem Thema 'Menschenrecht bei Kant' in Mainz gefuehrt. Kant versteht das Menschenrecht als das innere angeborene Freiheitsrecht und begruendet es in der Moral, wo er den klaren Begriff 'die Wuerde des Menschen' im moralischen Sinne erreicht hat. Durch die Interpretation der Ulpianischen Formeln zeigt er es als die Rechtspflicht, die rechtliche Wurde zu erhalten, worauf alle Rechtsgesetze beruhen sollen. Im politischen Kontext ist das Menschenrecht nichts anderes als das Widerstandsrecht. Kant sagt das verfassungsrechtliche Widerstandsrecht ab, aber hinterlaesst auch einige Darstellungen von der meschenrechtswidrigen Regierung, sodass man das naturrechtliche Widerstandsrecht annehmen kann. Es gibt, so Prof. Klemme, also eine theoretische Spannung zwischen Menschenrechtstheorie und Souveraenitaets-theorie bei Kant. Am Ende des Interviews wurde das weltbuerger-liche Recht im Vergleich mit dem Menschenrecht gebracht. Dadurch wurde es klar, was 'die beiden Rechte' gemeinsam haben und was nicht.

4. Sozialstaat und Kant
- Ein Interview mit Prof. Dr. Wolfgang Kersting -

Am 8. Juli 2009 wurde das Interview mit dem Thema 'Sozialstaat und Kant' in Kiel gefuehrt. Das Interview wurde mit der Frage nach dem Unterschied vom Rechtsstaat und Sozialstaat angefangen. Man findet, wie der Professor, bei Kant keine Theorie vom Sozialstaat, weil er die Sozialpolitik von seiner Zeit fuer 'bloss politische Klugheit' gehalten hat. In seiner Rechtsstaats-Lehre hat Kant aber alle Prinzipien fuer die Sozialstaats-Lehre hinter sich gelassen, z.B., Freiheit, Gleichheit, Selbstaendigkeit usw. Wir mussen diese Prinzipien der Wirklichkeit von heutzutage entsprechend neu interpretieren, indem wir die Normativitaet von seiner Rechtsstaats-Lehre behalten. Allein dadurch kann der Sozialstaat, so behauptet Kersting, philosophisch begruendet werden. Am Ende des Interviews wurde das 'Minimum' des Sozialstaats wiederholend betont.

5. Ueber den Text "Rechtslehre" von Kant
- Ein Interview mit Prof. Dr. Bernd Ludwig -

Am 21. Mai 2009 wurde das Interview in Wolffenbuettel gefuehrt, wo die Konferez mit dem Titel "Kants Metaphysik der Sitten - editorische und philosophische Probleme" stattgefunden hat. Das Interview begrenzte sich auf das editorische Problem des Textes 'Rechtslehre'. Nach dem allgemeinen Bericht von den Text-Editionen erklaerte Prof. B. Ludwig (Goettingen), der im

Jahr 1986 die neu herausgegebene 'Rechtslehre' im Felix Meiner Verlag veroeffentlicht hat, die These seiner Edition: Der Text von 1797 wurde auf dem Wege zur Drucklegung beschaedigt und Kant wusste davon nichts bis zu seinem Ende. Damit behauptete er die Notwendigkeit einer neuen Herausgabe, um die Kantische Rechtsphilosophie vollstaendig zu verstehen. Trotz der vielen Kritiken in den letzten 20 Jahren an seinen "groesseren Texteingriffe" sieht man heutzutage, wie jeder sagt, immer mehrere positive Beurteilungen ueber den 'neuen Text'.

대담이 발표된 학술지 목록

1. 「칸트 법철학의 현주소: 브란트 교수와의 대담」, 『칸트연구』 제16집, 한국칸트학회, 2005.
2. 「칸트 정치철학의 현주소: 게르하르트 교수와의 대담」, 『사회와 철학』 제13호, 사회와철학연구회, 2007.
3. 「칸트철학에서의 인권: 클렘메 교수와의 대담」, 『칸트연구』 제24집, 한국칸트학회, 2009.
4. 「사회복지국가와 칸트철학: 케르스팅 교수와의 대담」, 『사회와 철학』 제18호, 사회와철학연구회, 2009.
5. 「칸트 『법이론』 텍스트 연구에 관하여: 루드비히 교수와의 대담」, 『칸트연구』 제23집, 한국칸트학회, 2009.